# 30 দিনত ইংৰাজী শিকক

আপুনি দেশৰ য'লৈকে যাযাওক, যদি আপুনি ইংৰাজী জানে, আপোনাৰ কথাবোৰ আনে বুজিব পাৰিব আৰু আনৰ কথাবোৰো আপুনি বুজিব পাৰিব।

ইংৰাজী ভাষাৰ প্ৰখ্যাত বিশেষজ্ঞ সকলে লিখা এই কিতাপখন সাহায্যত অসমীয়া জনা সাধাৰণ মানুহেও ইংৰাজী লিখিবলৈ, পঢ়িবলৈ আৰু ক'বলৈ শিকি আজিৰ সমাজত নিজৰ কাৰণে এডোখৰ গুৰুত্বপূৰ্ণ স্থান সুদৃঢ় কৰিব পাৰে।

জনসাধাৰণৰ কাৰণে সহজ আৰু সৰল ভাষাত এইখন এখন অতি উপযোগী কিতাপ।

AF516783

# 30 দিনত ইংৰাজী শিকক

## LEARN ENGLISH IN 30 DAYS THROUGH ASSAMESE

Dr. B.R. Kishore

ডায়মণ্ড বুক্চ

ISBN : 81-288-0565-7



**প্ৰকাশক ঃ**

ডায়মণ্ড পকেট বুক্চ প্ৰাঃ লিঃ

X-30, ওখলা ইণ্ডাষ্ট্ৰিয়েল এৰিয়া (ফেজ-2)

নতুন দিল্লী-110 020

ফোন ঃ 40712100, 41611861 ফেক্স ঃ 011-41611866

অনুবাদক ঃ ডঃ হেমেশ্বৰ দিহিঙ্গীয়া

লেজাৰ কম্পোজীং ঃ কাৰ্তিক দে, 9810633190

ই-মেইল ঃ sales@dpb.in

ৱেবচাইট ঃ www.dpb.in

**বিতৰক ঃ**

বিশাল বুক চেণ্টাৰ

4, টুইন লেন, কলিকতা-700 016

**মুদ্ৰক ঃ**

আদৰ্শ প্ৰিণ্টাৰ্চ

চাহদৰা, দিল্লী-110 032

---

**LEARN ENGLISH IN 30 DAYS THROUGH ASSAMESE : Dr. B.R. Kishore**

---

# বিষয় সূচী

# 1
# বৰ্ণমালা
## Alphabet (এলফাবেট)

ইংৰাজী বৰ্ণমালাত 26 টা আখৰ আছে। ইংৰাজী আখৰ লাইনৰ ওপৰত লিখা হয়। এই বৰ্ণমালাক ডাঙৰ (Capital) আৰু সৰু (Small) হৰফত লিখা হয়, যেনে ঃ–

A a (এ) B b (বি) C c (চি) D d (ডি) E e (ই) F f (এফ) G g (জি) H h (এইচ) I i (আই) J j (জে) K k (কে) L l (এল) M m (এম) N n (এন) O o (অ) P p (পি) Q q (কিউ) R r (আৰ) S s (এচ) T t (টি) U u (ইউ) V v (ভি) W w (ডব্লিউ) X x (এক্স) Y y (ওৱাই) Z z (জেড)।

এইবোৰ ভিতৰত পাঁচটা আখৰ a, e, i, o, আৰু u স্বৰ Vowels (ভাৱেল) আৰু বাকীবোৰ Consonants (কন্স'নেন্ট)।

1. ঈশ্বৰ, ঈশ্বৰৰ অন্যান্য নাম আৰু পৱিত্ৰ ধৰ্মীয় গ্ৰন্থৰ ক্ষেত্ৰত–
   God, His Grace, Heavenly Father, the Virgin, the Ramayan, the Geeta.
2. বাক্যৰ প্ৰথম আখৰ
   He was born with a silver spoon.
3. কবিতাৰ প্ৰত্যেক শাৰীৰৰ প্ৰথম আখৰ–
   All work and no play.
   Makes Jack a dull boy.
4. সকলো ব্যক্তিবাচক নাম, সেইবোৰৰ দ্বাৰা তৈয়াৰী বিশেষণ, পদৰ নাম, উপাধি আদি–
   Delhi, Africa, India, American, Mr. B. Prasad, President Regan, Parliament.
5. সৰ্বনাম 'I'
   Come here and do what I say.
   Respectfully I beg to say.
6. ডাইৰেক্ট স্পীচত উদ্ধৃতি চিহ্নৰ মাজত আৰম্ভ কৰাৰ সময়ত।
   He told to me, "You are my best friend."
7. শব্দ সংক্ষেপ কৰোঁতে–
   W.H.O. (World Health Organisation)
   M.P. (Member of Parliament)

# 2
# বৰ্ণৰ উচ্চাৰণ
## PRONOUNCIATION OF ALPHABET
(প্ৰনানচিয়েশ্বণ অফ্ এলফাবেট)

ইংৰাজী আখৰৰ স্বতন্ত্ৰ উচ্চাৰণ ৰূপ যেনেকুৱা হয়, আন আখৰৰ লগত মিহলি হৈ শব্দ তৈয়াৰী হ'লে তাৰ ৰূপ অন্য ধৰণৰ হয়। এইটো বৰ মনোযোগেৰে অনুধাৱন কৰা আৱশ্যক। একেটা আখৰক পৰিস্থিতিত ভিন্ন ভাৱে উচ্চাৰণ কৰা হয়।

**আখৰ উচ্চাৰণ**

| | | | |
|---|---|---|---|
| A a | এ | আ = | Smart (স্মাৰ্ট) তীক্ষ্ণ, বুদ্ধিমান; Palm (পাম) হাতৰ তলুৱা; Dark (ডাৰ্ক আন্ধাৰ); Fast (ফাস্ট) লঘোন, বেগী; Farm (ফাৰ্ম) পামঘৰ। |
| | | এ = | Safe (চেফ) সুৰক্ষিত; Aid (এইড) সাহায্য; Bail (বেইল) জামিন; Grape (গ্ৰেপ) আঙুৰ Save(চেভ) সঞ্চয়। |
| | | এ্যা = | Sac (চেক) বস্তা; Sad (চেড) উদাস; Add (এড) জোড়া; Badge (বেজ) বিল্লা। |
| | | অ = | All (অল) সকলো; Ball (বল) বল; Small (স্মল) সৰু; Fall (ফল) পতন; Call (কল) মতা; Pall (পল) ঢিলা পোছাক। |
| B b | বি | ব = | Book (বুক) কিতাপ; Tub (টাব) গামলা; Cub (কাব) সিংহৰ পোৱালী; Bite (বাইট) কামোৰা। |
| C c | চি | ক = | Cat (কেট) মেকুৰী; Coal (ক'ল) কয়লা; Can (কেন) পাত্ৰ; Clever (ক্লেভাৰ) বুধিয়ক। |
| | | চ = | Cent (চেন্ট) শ'; Cement (চিমেন্ট) বিলাতী মাটি; Certain (চাৰ্টেইন) নিশ্চিত; Certificate (চাৰ্টিফিকেট) প্ৰমাণপত্ৰ। |
| D d | ডি | ড = | Did (ডিড) কৰিছিল; Daughter (ডটাৰ) জীয়েক; Bad (বেড); Bond (বণ্ড) বন্ধন; Dog (ডগ) কুকুৰ। |

| | | | |
|---|---|---|---|
| E e | ই | ই = | Here (হিয়াৰ) ইয়াত; Near (নিয়াৰ) ওচৰত; Heroic (হিৰ'ইক); Bedew (বিডিউ) নীয়ৰে তিওৱা; Before (বিফ'ৰ) আগতে। |
| | | ঈ = | She (চী) তাই; Be (বী) হোৱা; Me (মী) মোক। |
| | | অ = | Herd (হার্ড) পশুৰ পাল; Interim (ইণ্টেৰীম) (অন্তৰৱৰ্ত্তী)। |
| | | এ = | Egg (এ'গ) কণী; Men (মে'ন) মোক।; Pebble (পে'বল) শিলগুটি; Peck (পেক) ঠোকৰ মৰা; Bent (বেণ্ট) বেঁকা কৰা। |
| F f | এফ | ফ = | Fan (ফেন) বিছনী; Leaf (লীফ) পাত; Infant (ইনফেণ্ট) শিশু; Rifle (ৰাইফল) বন্দুক; Fate (ফে'ট) ভাগ্য। |
| G g | জি | গ = | Good (গুড) ভাল; God (গ'ড) ঈশ্বৰ; Rug (ৰাগ) কম্বল; Bag (বেগ) মোনা। |
| | | জ = | Geometry (জিওমেট্রি) জ্যামিতি; Gentle (জেণ্টল) শান্ত; Badge (বেজ্জ) চিনাকি; Regiment (ৰেজিমেণ্ট) সৈন্য দল। |
| H h | এইচ | হ = | Hat (হেট) টুপী; Horse (হৰ্চ) ঘোঁৰা; Heel (হিল) গেৰোৱা; High (হাই) ওখ। |
| I i | আই | ই = | India (ইণ্ডিয়া) ভাৰত; Bit (বাইট) কামোৰা; Fit (ফিট) দৈৰা; Lily (লিলি) ফুল। |
| | | আই = | Bite (বাইট) কামোৰা; Light (লাইট) পোহৰ; Right (ৰাইট) ঠিক; Sight (চাইট) দৃষ্টি। |
| J j | জে | জ = | Joke (জোক) ঠাট্টা; Join (জইন) জোৰা লগা; Rejoice (ৰিজইচ) আনন্দ; Dejected (ডিজেকটেড) নিৰুৎসাহ হোৱা। |
| K k | কে | ক = | Rock (ৰক্) পাহাৰ; King (কিং) ৰজা; Kite (কাইট) চিলা; Kiss (কিচ) চুমা; Mark (মার্ক) চিন। |
| L l | এল | ল = | Lame (লেম) খোৰা; Delete (ডিলিট) বাদ দিয়া; Meal (মীল) আহাৰ; Pull (পুল) টনা। |
| M m | এম | ম = | Man (মেন) মানুহ; Reform (ৰিফৰ্ম) সংশোধন; Seminar (চেমিনাৰ) আলোচনা চক্ৰ। |
| N n | এন | ন = | Name (নে'ম) নাম; Sense (চেন্স) জ্ঞান; Ban (বেন) প্ৰতিবন্ধ; Run (ৰান) দৌৰা। |

| | | | |
|---|---|---|---|
| O o | অ | ও = | Open (অ'পেন) খোলা; Bone (ব'ন্) হাড়; Mango (মেঙ্গো) আম; Probe (প্ৰোব) অনুসন্ধান। |
| | | অ = | Problem (প্ৰবলেম) সমস্যা; Prodigal (প্ৰডিগেল) অপব্যয়ী; Slopy (স্লপী) আওগৰীয়া। |
| P p | পি | প = | Gap (গেপ) ফাঁক; Rope (ৰোপ) ৰচি; Open (ওপেন) খোলা; Pen (পেন) কলম। |
| Q q | কিউ | ক = | Mósque (মস্ক) মচজিদ; Queue (কিউ) লাইন; Quick (কুইক) খৰ। |
| R r | আৰ | ৰ = | Rest (ৰে'ষ্ট) বিশ্ৰাম; Bar (বাৰ) বাধা; Surprise (চাৰপ্ৰাইজ) বিস্ময়; Room (ৰুম) কোঠালী; Rough (ৰাফ) খহটা |
| S s | এচ | চ = | Sun (চান) সূৰ্য; Bus (বাচ) বাচ; Sister (চিস্টাৰ) ভনী; Soap (চোপ) চাবোন। |
| | | জ = | Drowsy (ড্ৰাউজি) কলাঘুমটীয়া; Fuse (ফিউজ) তাৰ; Reason (ৰিজন) কাৰণ। |
| T t | টি | ট = | Master (মাস্টাৰ) গৰাকী; Tea (টি) চাহ ; Button (বাটন) বুতাম; Pot (পট) পাত্ৰ।- |
| | | শ = | Initial (ইনিশিবয়েল) প্ৰাৰম্ভিক; Portion (পৰ্শন) ভাগ; Patient (পেশেন্ট) ৰোগী; Station (স্টেচন) স্টেচন। |
| U u | ইউ | য়ু = | Muse (মিউজ) সৰস্বতী; Bull (বুল) ষাঁড় ; Push (পুচ) ঠেলা মৰা; Put (পুট) থোৱা। |
| | | আ = | But (বাট) কিন্তু; Rut (ৰাট) গাঁত; Up (আপ) ওপৰত; Sun (চান) বেলি। |
| V v | ভি | ভ = | Vague (ভে'গ্) অস্পষ্ট; Wave (ওয়েভ) ঢৌ; River (ৰিভাৰ) নৈ; Brave (ব্ৰে'ভ) সাহীয়াল; Vanish (ভেনিচ অদৃশ্য হোৱা) |

| | | | |
|---|---|---|---|
| W w | ডব্লিউ | ও = | War (ওয়াৰ) যুদ্ধ; Widow (উইনড) খিড়িকী; Power (পাৱাৰ) শক্তি; Want (ওৱাণ্ট) অভাৱ। |
| X x | একস | জ = | Examination (এগজানিমেশ্বন) পৰীক্ষা; Example (এগজাম্পল) উদাহৰণ; Exuberance (এগজুবাৰেন্স) আধিক্য। |
| Y y | ওয়াই | ই = | Yes (ইয়েচ) হয়; Yoga (যোগ) যোগ |
| | | য = | By (বাই) দ্বাৰা; Cry (ক্ৰাই) কন্দা; My (মাই) মোৰ Thy (দাই) তোমাৰ। |
| | | ই= | Bury (বাৰী) কবৰ; Worry (ৱৰী) চিন্তা; Dry (ড্ৰাই) সুখা |
| Z z | জেড | জ = | Zoo (জু) চিড়িয়াখানা; Zebra (জেব্ৰা) জেব্ৰা; Blaze (ব্লেইজ) ঘোষণা; Lazy (লেজি) এলেহুৱা; Lizard (লিজাৰ্ড) জেঠি। |

# 3
# যুটীয়া আখৰ আৰু স্বৰৰ উচ্চাৰণ

## যুটীয়া আখৰ

| | | |
|---|---|---|
| ch | চ = | Church (চাৰ্চ) গিৰ্জাঘৰ; Batch (বেচচ) দল; Bunch(বাঞ্চ) কোচা। |
| - | চ = | Chute (চুট) এচলীয়া, জলপ্ৰপাত। |
| - | ক = | Chaos (কেঅ'স) অব্যৱস্থা; Eucharist (য়ুকোৰিস্ট) উৎসব। |
| gh | গ = | Ghost (গোস্ট) প্ৰেত; Aghast (এগোস্ট) আতঙ্কিত। |
| ph | ফ = | Phone (ফোন) দূৰভাষ; Sophist (স'ফিস্ট); Phantom (ফেন্টম) ছায়ামূৰ্ত্তি। |
| sh | শ = | Shawl (শ্বাল) চাল; Shake (শ্বেক) জোকাৰ; Rash (ৰাশ্ব) ভিৰ; Shrink (শৃঙ্ক) কোঁচ খোৱা। |
| th | থ = | Thin (থিন) পাতল Thick (থিক) ডাঠ; Breath (ব্ৰীথ) সাঁস; Breadth (ব্ৰীড্থ) চোড়াই |
| | দ = | Thine (দাইন) তোমাৰ; With (উইথ) সৈতে; This (দিচ্) এইটো; That (দেট) সেইটো। |

## যুক্ত স্বৰ Diphthong (ডিফ্থং)

যেতিয়া দুটা ওচাৰউচৰিকৈ থাকে, তেতিয়া দুয়ো মিলি স্বৰধ্বনি উৎপন্ন কৰে। এই কাৰণে Diphthong (ডিফ্থাং) শব্দ প্ৰয়োগ কৰা হয়। ইংৰাজী যুক্ত স্বৰৰ উচ্চাৰণ সময়ত বেচ কঠিন পৰিস্থিতিৰ সমুখীন হব লগা হয়। যুক্ত স্বৰৰ কিছুমান উদাহৰণ তলত দিয়া হল–

| | | |
|---|---|---|
| ae | ই = | Encyclopaedia (এনচাইক্লোপিডিয়া) বিশ্বকোষ; Aesthetic (ইস্হেটিক) সৌন্দৰ্যবাদী। |
| | অ = | Aught (অট) যেইসেই; Caught (কট) ধৰা পৰা; Audio (অডিয়ো) যি শুনা যায়। |
| ea | ঈ = | Clean (ক্লীন) পৰিস্কাৰ; Mean (মীন) তুচছ; Dean (ডীন) পদৰ নাম; Yeats (ইয়েটচ) নাম |

| | | |
|---|---|---|
| ei | আই = | Either (আইদাৰ/ইদাৰ) দুটোৰ ভিতৰত এটা; Neither (নাইদাৰ) দুটোৰ ভিতৰত এটাও নহয়; Height (হাইট) উচ্চতা। |
| - | এ = | Eight (এইট) আঠ; Freight (ফ্ৰেইট) ভাড়া; Weight (ওৱেইট) ওজন; Straight (ষ্ট্ৰেইট) পোন। |
| eo | ইয়ো = | Eon (ইয়েন) কল্প; Eolithic (ইয়োলিথিক) প্ৰস্তৰ যুগৰ পূৰ্ববৰ্তী; Eocene (ইয়োচিন) ৰঞ্জক। |
| eu | ইউ = | Eucharist (ইউকেৰিস্ট) পৰম প্ৰসাদ; Eulogist (ইউলজিস্ট) প্ৰশংসাকাৰী; Eunuch (ইউনুচ) হিজড়া; Europe (ইউৰোপ) ইউৰোপ। |
| ew | ইউ = | Mew (মিউ) মেকুৰীৰ মেও মেও মাত; New (নিউ) নতুন; View (ভিউ) দৃশ্য। |
| ei | ঈ = | Receive (ৰিচিভ) পোৱা; Deceit (ডিচিট) ঠগা; Reiterate (ৰীটাৰেট) পুনৰাবৃত্তি কৰা। |
| ie | ঈ = | Grieve (গ্ৰীভ) শোক; Sieve (চীভ) চালনি; Field (ফিল্ড) পথাৰ; Fiend (ফীণ্ড) ৰাক্ষস |
| ia | আই = | Iamb (লেম্ব) কবিতাৰ ছন্দৰ এবিধ ৰূপ কল্প; Bias (বাইআচ) পক্ষপাত। |
| oo | উ = | Look (লুক) দেখা; Book (বুক) কিতাপ; Nook (নুক) কোণ; Took (টুক) লৈছিল |
| - | ঊ = | Broom (ব্ৰুম) বাঢ়নী; Room (ৰুম) কোঠা; Groom (গ্ৰুম) ঘোঁৰা চহিচ; Moon (মুন) জোন। |
| oe | ঊ = | Shoe (চু) জোতা। |
| - | ঈ = | Oedipus (ঈডিপাচ) ঈডিপাচ; Oecology (ঈডিমা) শ্বেথ ৰোগ। |
| - | ও = | Roe (ৰো) হৰিণী। |
| oa | ও = | Moat (মোট) গড়খাৱৈ; Moan (মোন) বিলাপ; Oath (ওথ) শপত। |
| oi | ওই = | Enjoin (এনজইন) আদেশ দিয়া; Loin (লইন) কঁকাল; Noise (নইজ) গণ্ডগোল। |
| ou | আউ = | Bout (বাউট) বল পৰীক্ষা; Bough (বাউ) শাখা; Gout (গাউট) খন্তীয়া ৰোগ; Out (আউট) বাহিৰ। |
| uu | উঅ = | Vacuum (ভেকুৱাম) শূন্য। |

তলত কিছুমান সংযুক্ত স্বৰযুক্ত আৰু আন ধৰণৰ শব্দ আৰু সেইবোৰ উচ্চাৰণ দিয়া হল। সেইবোৰ মন দি পঢ়িবা ঃ

Bough (বাও) শাখা
Cough (কাফ্) কাহ
Dough (ডউ) আটাৰ লডা
Rough (ৰাফ) খহটা
Achieve (এচীভ) পোৱা
Cashier (কেচিয়াৰ) দেৱান
Fierce (ফিয়ৰ্চ) ভয়ানক
Grief (গ্ৰীফ) শোক
Piece (পীচ) টুকুৰা
Priest (প্ৰীস্ট) পুৰোহিত
Wield (উইল্ড) শাসন কৰা
Conceit (কনচিট) অহংকাৰ
Rhythm (ৰিডম) তাল
Tries (ট্ৰাইজ) চেষ্টা কৰা
Similar (চিমিলাৰ) সমান তুল্য
Faries (ফেৱাৰিজ) অপ্সৰা সকল
Enjoys (এনজইজ) আনন্দ কৰা
Repetition (ৰিপিটিশ্বন) পুনৰাবৃত্তি

Decision (ডিচিশ্বন) সিদ্ধান্ত
Eighth (এইটথ্) অস্টম
Twelfth (টুৱেলফথ) দ্বাদশ
Eligible (এলিজিবল) উপযুক্ত
Necessary (নেচেচাৰী) আৱশ্যকীয়
Occasion (অকেশ্বন) ছেগ
Physically (ফিজিকেলি) শাৰীৰিক
Prejudice (প্ৰেজুডিচ) কুসংস্কাৰ
Privilege (প্ৰিভিলেজ) সুবিধা
Quantity (কোৱান্টিটি) পৰিমাণ
Recommend (ৰিকমেণ্ড) অনুমোদন
Deceive (ডিচিভ) প্ৰতাৰণা
Planning (প্লেনিং) পৰিকল্পনা
Beginning (বিগিনিং) আৰম্ভ
Whether (হুৱেদাৰ) হয়নে নহয়
Committee (কমিটি) সভা
Profitable (প্ৰফিটেবল) লাভজনক

# 4

# মূক বৰ্ণ

## SILENT LETTERS (চায়লেন্ট লেটাৰ্চ)

কিছু ইংৰাজী শব্দৰ বানান (spelling) অনুযায়ী উচ্চাৰণ নহয়। ইয়াৰ তাৎপৰ্য এই যে, যি লিখা হয়, তাক পঢ়া নহয়। উদাহৰণ স্বৰূপে ঃ-

Debt (ডেট) ধাৰ; Doubt (ডাউট) সন্দেহ; Colonel (কলোণেল) কৰ্ণেল; Right (ৰাইট) উচিত; Wife (ওৱাইফ) পত্নী; Comb (কম) ফনী; Often (অফেন) প্ৰায়েই।

ইয়াত Debt আৰু Doubt ত 'b' টো মৌন থাকে। তেনেকৈয়ে Colonel ত 'r' নাই। Right-ত gh Wife-ত 'e' Comb-ত 'b' আৰু Often-ত 't' মৌন থাকে অৰ্থাৎ উচ্চাৰণ কৰা নহয়। এনেকুৱা কিয় হয় ? কাৰ বহুদিনৰ পৰা এইভাবে চলি আহিছে।

ইংৰাজীত আৰু অনেক শব্দ আছে য'ত আখৰটো থাকিলেও তাৰ উচ্চাৰণ নহয়। তলত তাৰ কিছুমান উদাহৰণ দিয়া হল ঃ-

### মৌন – C

Scent (চেন্ট) গোন্ধ
Scene (চিন) দৃশ্য
Science (চাইন্স) বিজ্ঞান
Scion (চিয়ন) বংশজ

### মৌন – D

Sledge (শ্লেজ) শ্লেজ গাড়ী
Bridge (ব্ৰিজ) দলং
Knowledge (ন'লেজ) জ্ঞান
Ridge (ৰিজ) পাহাৰ

### মৌন – G

Sign (চাইন) চিন
Resign (ৰিজাইন) ইস্তফা
Reign (ৰেইন) ৰাজ্য
Design (ডিজাইন) নমুনা
Foreign (ফৰেন) বিদেশ

### মৌন – H

Hour (আওৱাৰ) ঘন্টা
Thames (টেম্চ) নদী
Honour (অনাৰ) সম্মান
Thomas (টমাচ) নাম

### মৌন – L

Folk (ফ'ক) লোক
Chalk (চক) খড়ীমাটি
Calm (কাম) শান্ত
Balm (বাম) মলম
Walk (ওৱাক) খোজকঢ়া
Talk (টক) কথা কোৱা
Half (হাফ) আধা

## মৌন - N

Hymn (হিম) ভজন
Autumn (অটাম) শৰৎ ঋতু
Column (কলাম) স্তম্ভ
Condemn (কণ্ডেম) নিন্দা

## মৌন - P

Psychology (চাইকোলজি) মনোবিজ্ঞান
Pneumatic (নিউমেটিক) বতাহসম্বন্ধীয়
Pseudo (চিউডো) ছদ্ম
Pneumonia (নিউমোনিয়া) নিউমোনিয়া ৰোগ
Psalm (চাম) ভজন
Receipt (ৰিচিট) ৰচিদ

## মৌন - S

Island (আইলেণ্ড) দ্বীপ
Viscount (ভাইকাউন্ট) পদৰ নাম

## মৌন - U

Guard (গার্ড প্রহৰী)
Guest (গেস্ট) আলহী
Rogue (ৰ'গ) ধূবন্ধৰ মানুহ
Guarantee (গেৰেন্টি) জামিন
Mosque (মস্ক) মচজিদ
Vague (ভেগ) অস্পষ্ট

## মৌন - Gh

Right (ৰাইট)
High (হাই) ওখ
Thigh (থাই) কৰঙন
Bright (ব্রাইট) উজ্জ্বল
Through (থ্রু) মাজেদি
Knight (নাইট) বীৰ পুৰুষ

## মৌন - E

ওপৰৰ শব্দবোৰত 'E' শেহত থাকে আৰু তাৰ উচ্চাৰণ নহয় আৰু নতুন শব্দ তৈয়াৰ কৰোতে প্রায়েই 'E' টো বর্জন কৰিব লগা হয়।

Love (লাভ) ভালপোৱা Lovable; Loving
Mile (মাইল) মাইল Milage
Live (লিভ) থকা Livable
Excite (এক্সাইট) উত্তেজিত হোৱাExcitable

| | |
|---|---|
| Change (চেঞ্জ) পৰিৱৰ্ত্তন | Changing |
| Due (ডিউ) বাকী | Duly |
| True (ট্ৰু) সঁচা | Truly |
| Whole (হ'ল) গোটেই | Wholly |

কিছুমান শব্দ এই নিয়মৰ বাহিৰত। সেইবোৰ হ'ল–

| | |
|---|---|
| Change (চেঞ্জ) সলনি | Changeable |
| Trace (ট্ৰেচ) চিন-মকাম। | Traceable |
| Line (লাইন) শাৰি | Lineage |
| Judge (জাজ) নিৰ্ণয় | Judgement |

নিয়ম এই যে যদি শব্দৰ লগত লগোৱা প্ৰত্যয় (Suffix) স্বৰৰ পৰা আৰম্ভ হয়, তেতিয়া মূক 'E' আঁতৰ কৰি দিয়া হয়। স্বৰৰ পৰা প্ৰত্যয়ৰ লগতো মূক 'E' ক ৰাখিব পাৰি যদি 'E' ৰ আগত 'G' বা 'C' বৰ্ণ থাকে। ওপৰৰ change ক changeable ৰূপ দিবৰ সময়ত 'E' বাদ দিয়া হোৱা নাই যদিও প্ৰত্যয় able স্বৰৰ দ্বাৰা আৰম্ভ হৈছে। ইয়াৰ কাৰণ হ'ল–মূক 'E' ৰ আগত 'G' বৰ্ণ আছে। এনেকৈয়ে Trace-Traceable.

# 5

# শব্দ-সংকোচ

## CONTRACTION (কন্ট্ৰকশ্বন)

ইংৰাজীত ইমান অনেক শব্দ আছে যিবোৰ কোৱাৰ সময়ত প্ৰায়েই সংকুচিত হোৱা দেখা যায়। সময় সংক্ষেপ আৰু সুবিধাৰ কাৰণে এইবোৰক এনেকুৱা কৰা হয়। উদাহৰণ স্বৰূপে ঃ-

| | |
|---|---|
| I am | I'm (আয়ম) |
| I am not | I aren't (আই আৰ্ন্ট) |
| | I'm not (আয়ম ন'ট) |
| He is | He's (হীজ) |
| He is not | He's not (হীজ ন'ট) |
| | He isn't (হী ইজ্ন্ট) |
| It is | It's (ইটচ্) |
| It is not | It isn't (ইট ইজ্ন্ট) |
| | It's not (ইটচ্ ন'ট) |
| We are | We're (উৱাৰ) |
| We are not | We aren't (উই আৰ্ন্ট) |
| | We're not (উৱাৰ ন'ট) |
| You are | You're (য়ুআৰ) |
| You are not | You aren't (য়ু আৰ্ন্ট) |
| | You're not (য়ুঅৰ ন'ট) |
| They are | They're (দে-আৰ) |
| They are not | They aren't (দে আৰ্ন্ট) |
| | They're not (দ্যাৰ ন'ট) |
| I have | I've (আইভ) |
| I have not | I've not (আই'ভ ন'ট) |
| | I haven't (আই হেভ্ন্ট) |
| We have | We've (উইভ) |
| We have not | We've not (উইভ ন'ট) |
| | We haven't (উই হেভ্ন্ট) |
| You have | You've (য়ুভ) |
| You have not | You've not (য়ু হেভ ন'ট) |
| | You haven't (য়ু হেভ্ন্ট) |

| | |
|---|---|
| I had | I'd (আইড) |
| I had not | I hadn't (আই হেড্ন্ট) |
| I would | I'd (আইড) |
| I would not | I wouldn't (আই উড্ন্ট) |

অন্য সহায়ক ক্রিয়াবোৰৰ সংকুচিত নকাৰাত্মক ৰূপ এই ভাবে হয় ঃ-

| | |
|---|---|
| does not | doesn't (ডাজ্ন্ট) |
| did not | didn't (ডিড্ন্ট) |
| can not | can't (কা'ন্ট) |
| could not | couldn't (কুড্ন্ট) |
| need not | needn't (নিড্ন্ট) |
| shall not | shalln't (চেন্ট) |

এইবাৰ তলৰ বাক্যবোৰ মনোযোগদি পঢ়ক ঃ-

1. We aren't sure (উই আৰ্ন্ট চিঅ'ৰ) — আমি নিশ্চিত নহওঁ।
2. You aren't late (ইউ আৰ্ন্ট লে'ট) — তোমাৰ পলম হোৱা নাই।
3. Don't laugh like this. (ডউন্ট লাফ লাইক দিচ্) — এনেকৈ নাহাঁহিবা।
4. It's three by my watch (ইট্চ্ থ্ৰী বাই মাই ওৱাচ) — মোৰ ঘড়ীত তিনিটা বাজিছে।
5. She's to blame (সীজ টু ব্লেম) — তায়েই দোষী।
6. I haven't read yet (আই হেভ্ন্ট ৰে'ড ইয়েট) — মই এতিয়াও পৰা নাই।
7. Rita hadn't come (ৰীতা হেড্ন্ট কাম) — ৰীতা অহা নাছিল।
8. Didn't they go there (ডিড্ন্ট দে গ' দেয়াৰ ?) — তেওঁলোক তালৈ যোৱা নাছিল নে ?
9. Ramesh wouldn't do it. (ৰমেশ উড্ন্ট ডু ইট) — ৰমেশ এইটো নকৰিবা।
10. They shouldn't have gone. (দে চুড্ন্ট হেভ গন) — তেওঁলোকৰ যোৱা উচিত নাছিল।
11. I'll go tomorrow. (আইল গ' টুমৰু) — মই কাইলৈ যাম।

12. Geeta can't walk fast. (গীতা কাণ্ট ওৱাক ফাস্ট) — গীতাই বেগাবেগিকৈ খোজ কাঢ়িব নোৱাৰে।

13. Sarita needn't worry. (সবিতা নিডণ্ট ওৱৰি) — সবিতাৰ চিন্তাৰ কাৰণ নাই।

14. It hadn't rained. (ইট হেডণ্ট ৰেইণ্ড) — বৰষুণ দিয়া নাছিল।

15. I couldn't reach in time. (আই কুডণ্ট ইন টাইম) — মই সময়মতে তাত উপস্থিত হ'ব নোৱাৰিলো।

16. Don't you need my help? (ডণ্ট ইউ নিড মাই হেল্প?) — তোমাক মোৰ সাহায্য নালাগেনে?

17. We shalln't oblige him. (উই চেণ্ট অব্লাইজ হিম) — আমি তেওঁৰ উপকাৰ নকৰিম।

18. Doesn't he belong to Delhi? (ডাজণ্ট হি বিলং টু দিল্লী?) — তেওঁ জানো দিল্লীৰ বাসিন্দা নহয়?

19. Aren't they your guest? (আৰ্ণ্ট দে ইয়ৰ গেস্ট?) — তেওঁলোক তোমাৰ আলহী

20. I won't see him. (আই ওণ্ট চী হিম) — মই তেওঁৰ লগত দেখা নকৰিম।

21. We hadn't seen the thief. (উই হেডণ্ট চীন দি থিখ) — আমি চোৰটোক দেখা নাছিলোঁ।

# 6

# দিন আৰু সপ্তাহ

## DAYS AND WEEK (ডেইজ এণ্ড উইক)

| | |
|---|---|
| 1. How many days are there in a week? (হাও মেনি ডেইজ আৰ দেৱাৰ ইন এ উইক ?) | এসপ্তাহত কেইদিন থাকে ? |
| 2. There are seven days in a week. (ডেয়াৰ আৰ চেভেন) | এসপ্তাহত সাত দিন থাকে। |
| 3. The first day of the week is Sunday. (দি ফাস্ট ডে') | সপ্তাহৰ প্ৰথম দিন দেওবাৰ। |
| 4. Saturday is the last day of the week. (চাটাৰ্ডে ই দি লাস্ট ডে' অফ দি উইক) | শনিবাৰ সপ্তাহৰ শেষ দিন। |
| 5. Sunday is a holiday. (চানডে' ইজ এ হলিডে') | দেওবাৰ ছুটিৰ দিন। |
| 6. Schools, offices etc. remain closed on that day. (স্কুলচ, অফিচেজ এটচেট্ৰা ৰিমেইন ক্লজড অন ডেট ডে) | স্কুল, অফিচ আদি সেইদিনা বন্ধ থাকে। |
| 7. Children don't go to school on Sunday. (চিলড্ৰেন ডাউন্ট গ' টু স্কুল অন চানডে') | ল'ৰাছোৱালী বোৰ দেওবাৰে স্কুললৈ নাযাবা। |
| 8. The name of the days of the week are written with capitals. (দি মে অফ দি ডেইজ অব দি উইক আৰ ৰিটন উইথ কেপিটেলচ) | সপ্তাহৰ দিনবোৰৰ নাম ডাঙৰ আখৰত লিখা হয়। |
| 9. In many offices is observed a five day week. (ইন মেনি অফিচে এ ফাইভ ডে উইক ইজ অবজাৰ্ভড) | অনেক অফিচত পাঁচ দিন সপ্তাহ পালন কৰা হয়। |
| 10. On Wednesday we went to visit an exhibition. (অন সপ্তাহ পালন কৰা হয়। ওৱেদনেচডে' ওই ওৱেন্টখ টু ভিজিট এন' এগজিবিশ্বন) | (বুধবাৰে আমি এখন প্ৰদৰ্শনী) চাবলৈ গৈছিলো। |

11. Some keep fast on Tuesday. (চাম কীপ ফাস্ট অন টিউচডে) — কোনো কোনাৱে মঙ্গলবাৰে উপবাস কৰে।
12. Some keep it on Saturday or Friday. (চাম কীপ ইট অন চাটাৰডে্‌ অৰ ফ্ৰাইডে) — কিছুমানে শনিবাৰে বা শুক্ৰবাৰে কৰে।
13. What day is it on first of this month? (হোৱাট ডে ফাৰ্স্ট অফ দিচ মাহ?) — এই মাহৰ পহিলা তাৰিখে কি বাৰ?
14. Perhaps, it is Monday. (পাৰহেপচ্‌ ইট ইজ মানডে) — সম্ভৱতঃ সোমবাৰ।
15. I shall, finish my work by Sunday. (আই চেল ফিনিচ মাই ওৱৰ্ক বাই চানডে) — দেওবাৰৰ ভিতৰত মই মোৰ কাম শেষ কৰিম।
16. Do return by Monday. (ডু ৰিটাৰ্ন বাই মানডে') — সোমবাৰৰ ভিতৰত নিশ্চয় আহিবা।
17. I have been waiting since Wednesday. (আই হেভ বীন ওৱেটিং চিস ওৱেন্সডে') — মই বুধবাৰৰ পৰা অপেক্ষা কৰি আছোঁ।
18. It has been raining cats and dogs since Saturday. (ইট হেজ বীন ৰেইনিং কেট্‌চ্‌ এণ্ড ডগচ চিস চাটাৰডে') — শনিবাৰৰ পৰা ধাৰাসাৰে বৰষুণ দিছে।
19. I was born on Sunday. (আই ওৱাজ বৰ্ন আন চানডে) — মই দেওবাৰে জন্ম হৈছিলে।
20. And you? (এণ্ড ইউ?) — আৰু তুমি?
21. I don't know. (আই ডন্ট') — মই নাজানোঁ।
22. On every second Sunday he visits-us. (অন এভৰি চেকণ্ড চানডে হি ভিজিট্‌চ আচ।) — প্ৰত্যেক দ্বিতীয় দেওবাৰে তেওঁ আমাক দেখা কৰে।
23. Do you know how many weeks are there in a month? (ডু ইউ ন' হাওমেনি উইকচ্‌ আৰ দেয়াৰ ইন এ মাহ? — এমাহত কিমান সপ্তাহ জানানে?

24. And in a year? (এণ্ড ইন এ ইয়াৰ ?) — আৰু এবছৰত ?

25. There are full four weeks in a month. (দেয়াৰ আৰ ফুল ফ'ৰ উইকচ্ ইন এ মাহ) — প্ৰত্যেকটো মাহত চাৰিটা পূৰা সপ্তাহ থাকে।

26. There are fifty two weeks in a year. (দেয়াৰ আৰ ফিফ্‌টি-টু উইকচ্ ইন এ ইয়াৰ।) — এবছৰত বাৱন্ন সপ্তাহ থাকে।

27. Where had you been last week? (হুয়েৰ হেড ইউবীন লাষ্ট উইক ?) — যোৱা সপ্তাহত তুমি ক'লৈ গৈছিলো ?

28. I had been on a pleasure trip to Bombay. (আই হেড বীন অন এ প্লেজাৰ ট্ৰিপ টু বোম্বে) — মই বোম্বাইলৈ ফুৰিবলৈ গৈছিলোঁ।

29. The seven days of the week are named after the seven planets. (দি চেভেন ডেইজ অফ দি উইক আৰ নেমড্ আফাৰ চেভেন প্লানেট্চ্) — সপ্তাহৰ সাতটা দিনৰ-নাম সাতটা গ্ৰহৰ নামত দিয়া হৈছে।

30. Sunday is named after the Sun. (চানডে ইজ নেমড্ আফটাৰ দি চান।) — দেওবাৰৰ নামটো সূৰ্যৰ নামানুসাৰে হৈছে।

31. Monday is named after the Moon. (মানডে ইজ নেমড্ আফটাৰ দি মুন) — সোমবাৰৰ নামটো চন্দ্ৰৰ নামানুসাৰে হৈছে।

# 7
# বছৰ আৰু মাহ
## YEAR AND MONTHS (ইয়াৰ এণ্ড মাহ্চ)

| | | |
|---|---|---|
| 1. | There are twelve months in a year : January, February, March, April, May, June, July, August, September, October, November and December. (দেয়াৰ আৰ টুয়েলভ্ মাহ্চ ইন এ ইয়াৰ, জানুৱাৰী, ফেব্রুৱাৰী, মার্চ, এপ্রিল মে, জুন, জুলাই, আগস্ট, চেপ্টেম্বৰ, অক্টোবৰ, নৱেম্বৰ এণ্ড ডিচেম্বৰ) | এবছৰত মাহ বাৰটা জানুৱাৰী, ফেব্রুৱাৰী মার্চ, এপ্রিল, মে, জুন, জুলাই, আগস্ট, চেপ্টেম্বৰ অক্টোবৰ, নৱেম্বৰ আৰু ডিচেম্বৰ। |
| 2. | January is the first month of the year. (জানুৱাৰী ইজ দি ফার্স্ট মাহ অফ দি ইয়াৰ) | বছৰৰ প্ৰথম মাহটো হ'ল জানুৱাৰী। |
| 3. | February is the second and December is the last. (ফেব্রুৱাৰী ইজ দি চেকেণ্ড এণ্ড ডিচেম্বৰ ইজ দি লাস্ট।) | ফেব্রুৱাৰী দ্বিতীয় আৰু ডিচেম্বৰ বছৰৰ শেষ মাহ। |
| 4. | What month is this? (হোৱাট মাহ ইজ দিচ?) | এইটো কোন মাহ? |
| 5. | It is the month of august. (ইট ইজ দি মাহ অফ অগাস্ট) | এইটো আগস্ট মাহ। |
| 6. | The last month was July. (দি লাইট মাহ ওৱাজ জুলাই।) | যোৱা মাহটো জুলাই আছিল। |
| 7. | The next month will be September. (দি নেক্সট মাহ উইল বি চেপ্টেম্বৰ) | আগামী মাহটো চেপ্টেম্বৰ। |
| 8. | Today is 26th August. (টুডে ইজ টুৱেন্টিচিকথ্ অগাস্ট) | আজি ২৬ আগস্ট। |

| | |
|---|---|
| 9. We became independent on August 15, 1947. (উই বিকেম ইণ্ডিপেণ্ডেন্ট অন অগাস্ট 15, 1947) | ১৯৪৭ চনৰ ১৫ অগাস্টত আমি স্বাধীনতা লাভ কৰিছিলো। |
| 10. Before November comes October and after it December. (বিফোৰ নৱেম্বৰ কামচ্ অক্টোবৰ এণ্ড আফ্‌টাৰ ইট ডিচেম্বৰ) | নৱেম্বৰৰ আগত অক্টোবৰ আৰু পিচত ডিচেম্বৰ আহে। |
| 11. Malu was born on 27th September. (মনু ওৱাজ বৰ্ন অন টুৱেন্টি-চেভেহ চেপ্টেম্বৰ) | মনু ২৭ চেপ্টেম্বৰত জন্ম হৈছিল। |
| 12. August is eighth month of the year. (অগাস্ট ইজ এইটথ্ মাহ অফ দি ইয়াৰ) | অগস্ট বছৰৰ অষ্টম মাহ। |
| 13. February is either of 28 days or 29 days. (ফেব্ৰুৱাৰী ইজ আইদাৰ অফ 28 ডেইজ আৰু 29 ডেইজ) | ফেব্ৰুৱাৰী ২৮ বা ২৯ দিনীয়া হয়। |
| 14. April, June, September and November are of thirty days. (এপ্রিল, জুন, চেপ্টেম্বৰ এণ্ড নৱেম্বৰ আৰু অফ থাৰ্টি ডেইজ) | এপ্রিল, জুন, চেপ্টেম্বৰ আৰু নৱেম্বৰ ৩০ দিনীয়া মাহ। |
| 15. Both July and August are of 31 days. (বোথ জুলাই এণ্ড অগাস্ট আৰ অফ 31 ডেইজ) | জুলাই আৰু আগস্ট মাহ ৩১ দিনীয়া। |
| 16. Winter season sets in from November. (উইনটাৰ চিজন চেট্‌চ্ ইন ফ্রম নৱেম্বৰ) | শীতকাল নৱেম্বৰ পৰা আৰু হয়। |
| 17. Winter suits me so well. (উইন্টাৰ চুট্‌চ্ মি চ' ওৱেল) | শীতকালটো মই বৰ ভাল পাওঁ। |
| 18. I like Rainy season. (আই লাই ৰেইনী চিজন) | মই বাৰিষকালটো ভাল পাওঁ। |

| | |
|---|---|
| 19. The month of March is very pleasant. (দি মাহ অফ মাৰ্চ ইজ ভেৰি প্লেজেণ্ট) | মাৰ্চ মাহটো বৰ ভাল। |
| 20. The festival of Holi is celebrated in this month. (দি ফেষ্টিভেল অফ্ হোলি ইজ চেলিব্ৰেটেড ইন মাৰ্চ) | মাৰ্চ মাহত হোলি (ফাকুৱা) উৎসৱ হয়। |
| 21. People throw colours on one another, dance and sing. (পিপল থ্ৰ' কালাৰ্চ্ অন ওৱনা এনাডাৰ, ডান্স এণ্ড চিং) | মানুহে, এজনৰ গাত আন জনে ৰং সানে, নাচে আৰু গান গায়। |
| 22. Diwali comes either in October or November. (দিৱালী কামচ্ আইদাৰ ইন অক্টোবৰ অৰ নৱেম্বৰ) | দীপাৱলী অক্টোবৰ বা নৱেম্বৰত হয়। |
| 23. Diwali is a festival of lights. (দিৱালী ইজ দি ফেষ্টিভেল অব লাইট্চ) | দীপাৱলী আলোকৰৰ উৎসৱ। |
| 24. A huge fair is held here in April. (এ হিউজ ফেয়াৰ ইজ হেলড্ হিয়াৰ ইন এপ্ৰিল) | এপ্ৰিল মাহত ইয়াত এখন ডাঙৰ মেলা হয়। |
| 25. What month is running now? (হোৱাট মাহ ইজ ৰানিং নাও ?) | এতিয়া কি মাহ চলিছে ? |

# 8

# কেইটা বাজিছে ?

**WHAT TIME IS IT** (হোৱাট টাইম ইজ ইট ?)

| | |
|---|---|
| 1. What is the time by your watch? (হোৱাট ইজ দি টাইম বাই ইয়ৰ ওৱাচ ?) | আপোনাৰ ঘড়ীত কেইটা বাজিছে ? |
| 2. It is two O'clock. (ইট ইজ টু অ'ক্লক) | দুটা বাজিছে। |
| 3. It is half past three. (ইট ইজ হাফ পাস্ট থ্ৰী) | চাৰে তিনিটা বাজিছে। |
| 4. I get up in the morning at five. (আই গেট আপ ইন দি মৰ্নিং এট্ ফাইভ) | মই ৰাতিপুৱা ৫ টা বজাত শুই উঠোঁ। |
| 5. I take tea at six O'clock. (আই টেক টি এট চিক্স অ'ক্লক) | মই ছটা বজাত চাহ খাওঁ। |
| 6. At what time do you take your breakfast? (এট হোৱাট টাইম ডু ইউ টেক ইয়ৰ ব্ৰেকফাস্ট ?) | তুমি কেতিয়া পুৱাৰ চাহ জলপান। |
| 7. At 8 O'clock I take my breakfast. (এট এইট অ'ক্লক আই টেক মাই ব্ৰেকফাস্ট) | ৮টা বজাত মই পুৱাৰ চাহ জলপান খাওঁ। |
| 8. My school begins at nine O'clock. (মাই স্কুল বিগিনচ এট নাইন অ'ক্লক) | মোৰ স্কুল নটা বজাত আৰম্ভ হয়। |
| 9. By quarter past three I am back home.(বাই কোৱাৰ্টাৰ পাস্ট থ্ৰ আই এম বেক হোম) | চোৱা তিনিটা বজাত মই ঘৰলৈ ঘূৰি আহোঁ। |
| 10. I go to bed at ten in the night. (আই গ' টু বেড এট টেন ইন দি নাইট) | মই ৰাতি দহটা বজাত শোওঁ। |
| 11. It is ten past three. (ইট ইজ টেন পাস্ট থ্ৰী) | এতিয়া তিনিটা বাজি দহ মিনিট। |

| | |
|---|---|
| 12. Tell me when it is 20 minutes to four. (টেল মি হোৱেন ইট ইজ 20 মিনিট্চ্ টু ফ'ৰ) | চাৰিটা বাজিবলৈ ২০ মিনিট থাকোতে মোক ক'বা। |
| 13. Now, it is quarter to four. (নাও, ইট ইজ কুৱাটাৰ টু ফ'ৰ) | এখন পৌনেচাৰটে বাজে। |
| 14. He leaves his home at half past five. (হি লীভচ্ হিজ হোম এট হাফ পাস্ট ফাইভ) | তেওঁৰ চাৰে পাঁচটা বজাত ঘৰৰ পৰা বাহিৰ হয়। |
| 15. The train departs at 11 a.m. (দি ট্ৰে'ন ডিপাৰ্টচ এট ইলেভেন এ.এম.) | ট্ৰেন খন ৰাতিপুৱা ১১টা বজাত এৰে |
| 16. His aeroplane takes off at ten to six. (দি ট্ৰে'ন ডিপাৰ্টচ এন ইলেভেন এ.এম.) | তেওঁৰ প্লেনখন ছটা বাজিবলৈ দহ মিনিট থাকোঁতে এৰিব। |
| 17. The mail train is reaching the station late by two hours. (দি মেইল ট্ৰে'ন ইজ ৰিচিং দি ষ্টেচন লেট বাই টু আৱাৰ্চ) | ষ্টেচন পাওঁতে মেই ট্ৰে'ন খনৰ দুঘন্টা দেৰি হ'ব। |
| 18. I have to reach the station by 14.30 hours. (আই হেভ টু ৰিচ দি ষ্টেচন বাই 14-30 আৱাৰ্স) | মই দিনৰ আঢ়েটা বজাত ষ্টেচন পাবগৈ লাগিব। |
| 19. It has been raining since 2 p.m. (এজ চুন এজ ইট ষ্ট্ৰাইকচ চেভেন ইউ ষ্টাৰ্ট) | দুটা বজাৰ পৰা বৰষুণ দিছে। |
| 20. As soon as it strikes seven you start. (এজ চুন এজ ইট ষ্ট্ৰাইকচ চেভেন ইউ ষ্টাৰ্ট) | সাতটা বাজিলেই তুমি ৰাওনা হ'বা। |
| 21. The Principal comes at 10 O'clock. (দি প্ৰিন্সিপাল কামচ্ এট 10 ও'ক্লক) | অধ্যক্ষ দহটা বজাত আহে। |

Note - a.m আৰু p.m. ক্ৰমশঃ লেটিন Anti-meridian and Post-meridian ৰ সংক্ষিপ্ত ৰূপ হয়। প্ৰথম অৰ্থ before noon দ্বিতীয়তে afternoon হয়। ৰাতিৰ বাৰহ বজাত পাছত দিনৰ 12 বজালৈকে সময় 12 বজালকে সময় before noon (am) আৰু দিনৰ 12 বজাৰ পাছত ৰাতি 12 বজালৈকে সময় after noon (pm) বুলি কয়।

সেনা, ৰেল আদি বিভাগত am আৰু pm ক লৈ হব লগীয়া বেয়া হোবাৰ পৰা বাচিৰ বাবে 24 ঘন্টাৰ কাল মান ৰখা হয়। দিনৰ ভোজনৰ তাৎপৰ্য্য 14 বজা। ৰাতিৰ তিনি বজাৰ তাৎপৰ্য্য 03 hour অৰ্থাৎ ৰাতি বাৰ বজাৰ পাছত দিন প্ৰাৰম্ভ মানা যায়।- এই ধৰনে বাতিপুৱাৰ 6 বজাত 06 hour আৰু 6 বজাত 18 hours কোৱা হয়।

# 9
# বাক্য
## THE SENTENCE (দি চেন্টেন্চ)

কথা কওঁতে আমি বাক্য প্ৰয়োগ কৰোঁ। বাক্য হ'ল শব্দৰ এনেকুৱা সমষ্টি যাতে সম্পূৰ্ণ অৰ্থ বুজিব পাৰি। বাক্য চাৰি প্ৰকাৰৰ, যেনে ঃ-

**1. উক্তিবোধক Statements -**

Ram is a boy. (ৰাম ইজ এ বয়) — ৰাম এটা ল'ৰা।
I have no money. (আই হেভ নো মানি) — মোৰ হাতত পইচা নাই।
যি বাক্যত কোনো সাধাৰণ বিষয় কোৱা হয় তাক উক্তিবোধক বাক্য কোৱা হয়। ইয়াৰ এটা affirmative (হয় বোলা) negative (নহয় বোলা)।

**2. প্ৰশ্নবোধক Interrogative -**

What is your name? (হোৱাট ইজ ইয়ৰ নেম ?) — তোমাৰ নাম কি ?
Is she not tall? (ইজ চি নট টল ?) — তাই ওখ নহয়নে ?
এই বাক্যত প্ৰশ্ন কৰা হয়।

**3. আদেশাত্মক Imperative -**

Bring the book. (ব্ৰিং দি বুক) — কিতাপখন আনা।
Do not make a noise. (ডু নট মেক এ নইজ) — চিঞৰ বাখৰ নকৰিবা।
Please shut the window. (প্লীজ চাট দি উইণ্ডো) — অনুগ্ৰহ কৰি খিড়িকী খন বন্ধ কৰক।

আদেশাত্মক বাক্যেত আদেশ, প্ৰৰ্থনা, নিবেদন, আদিৰ ভাব প্ৰকাশ কৰা হয়।

**4. বিস্ময়বোধক Exclamatory -**

How beautiful! (হাও বিউটিফুল!) — কি সুন্দৰ!
Oh! how tragic (ওহ! হাও ট্ৰাজিক!) — হায়! কি দুঃখৰ!
Alas! he is dead! (এলাচ! হি ই ডেড) — হায়! তেওঁৰ মৃত্যু হ'ল!
বিস্ময়বোধক বাক্যেত তীব্ৰ ভাবনা আৰু বিস্ময়ৰ ভাব থকে।

## নহয়-সূচক বাক্য **Negative Sentences**
(নি'গেটিভ চেন্টেঁসেচ)

নহয় সূচক বাক্য সহায়ক ক্রিয়া বোৰক–can, do, did, is, am, are, was, were আদিৰ লগত not যুক্ত কৰি তৈয়াৰ কৰা হয়–

| | |
|---|---|
| He is not coming. (হি ইজ নট কামিং) | তেওঁ নাহিব। |
| You can not go. (ইউ কেনট্ গ') | তুমি যাব নোৱাৰা। |
| It is not raining now. (ইট ইজ নট ৰেইনিং নাও) | এতিয়া বৰষুণ দিয়া নাই। |
| He does not work hard. (হি ডাজ নট ওৱৰ্ক হাৰ্ড) | সি পৰিশ্ৰম নকৰে। |
| I do not know you. (আই ডু নট ন ইউ) | মই তোমাক চিনি নাপাওঁ। |
| Today is not Sunday. (টুডে ইজ নট চানডে) | আজি দেওবাৰ নহয়। |
| The book is not on the table (দি বুক ইজ নট অন দি টেব্‌ল) | টেবুলত কিতাপ খন নাই। |
| They are not good friends. (দে আৰ নট গুড ফ্ৰেণ্ডচ) | তেওঁলোক আচল বন্ধু নহয়। |
| I can not do this sum. (আই কেনট ডু দিচ চাম) | মই এই অংকটো কৰিব নোৱৰোঁ। |
| The doctor has not come yet. (দি ডক্টৰ হেজ নট কাম ইয়েট) | ডাক্তৰ এতিয়াও অহা নাই। |
| Girish was not there. (গিৰীশ ওৱাজ নট দেয়াৰ) | গিৰীশ তাত নাছিল। |
| This question is not difficult. (কুৱেশ্বন ইজ নট ডিফিকাল্ট) | এই প্ৰশ্নটো টান নহয়। |
| He was not there. (হি ওৱাজ নট দেয়াৰ) | তেওঁ তাত নাছিল। |
| They were not reading. (দে উয়েৰ নট ৰিডিং) | তেওঁলোকে পঢ়া নাছিল। |
| They will not wait for us. (দে উইল নট ওৱেট ফৰ আচ) | তেওঁলোকে আমাৰ কাৰণে অপেক্ষা নকৰিব। |

| | |
|---|---|
| I shall not go by bus, (আই চেল নট গো বাই বাচ) | মই বাচত নাযাম। |
| Kamal has not done his work. (কমল হেজ নট ডান হিজ ওৱৰ্ক) | কমলে তেওঁৰ কাম কৰা নাই। |
| He will not take ill of it. (হি উইল নট টেক ইল অব ইট) | তেওঁ ইয়াট অসন্তুস্ট নহ'ব। |
| Do not pluck the flowers (ডু নট প্লাক দি ফ্লাৱাৰ্স) | ফুলবোৰ নিছিঙিবা। |
| I do not take tea (আই ডু নট টেক টি) | মই চাহ নাখাওঁ। |
| Now you should go. (নাও, ইউ চুদ গ) | এতিয়া তুমি যোৱা উচিত। |
| Ram did not come. (ৰাম ডিড নট কাম) | ৰাম অহা নাছিল। |
| I have not seen her. (আই হেভ নট চীন হাৰ) | মই তাইক দেখা নাই। |
| You need not go there. (ইউ নীড নট গ' দেয়াৰ) | তোমৰ তালৈ যোৱাৰ প্ৰয়োজন নাই। |
| They have not gone. (দে হেভ নট গন) | তেওঁলোক যোৱা নাছিল। |
| Leela did not sing. (লীলা ডিড নট চিংগ) | লীলাই গান গোৱা নাছিল। |
| She was not writing. (শ্বি ওৱাজ নট ৰাইটিং) | তাই লিখা নাছিল। |
| Geeta had not come. (গীতা হেড নট কাম) | গীতা নাহিল। |
| Dhanpat does not work here. (ধনপত ডাচ নট ওৱাৰ্ক হিয়াৰ) | ধনপতে ইয়াত কাম নকৰে। |
| This is not my dog. (দিচ ইজ নয় মাই ডগ) | এইটো মোৰ কুকুৰ নহয়। |
| She hasn't a good dress. (চি হেজন্ট এ গুড ড্ৰেচ) | তেওৰ ভাল পোছাক নাই। |
| I don't have money. (আই ডন্ট হেভ মানি) | মোৰ হাতত পইচা নাই। |
| They can not come now. (দে কেনট কাম নাও) | তেওঁলোক এতিয়া আহিব নোৱাৰে। |

| | |
|---|---|
| Gopal is not a bad boy.<br>(গোপাল ইজ নট এ বেড বয়) | গোপাল বেয়া ল'ৰা নহয়। |
| He has not been paid for two months.<br>(হি হেজ নট বিন পেইড ফৰ টু মান্থচ) | তেওঁক দুমাহ ধৰি একো পইচা দিয়া হোৱা নাই। |
| You ought not to disobey your parents.<br>(ইউ অট নট টু ডিচঅবে ইয়োৰ পেৰেন্টচ) | তোমাৰ মা-দেউতাৰাৰ কথা অমান্য কৰা উচিত। |

## প্ৰশ্নবাচক বাক্য INTERROGATIVE SENTENCES
## (ইণ্টেৰোগেটিভ চেণ্টেন্সেচ)

| | |
|---|---|
| Is she writing a letter<br>(ইজ চি ৰাইটিং এ লেটাৰ ?) | তাই চিঠি লিখিছেনে ? |
| Has the bus gone? (হেজ দি বাচ গন ?) | বাচখন গ'লনে ? |
| Did you come? (ডিড ইউ কাম ?) | তুমি আহিছিলানে ? |
| Will you wait for me?<br>(উইল ইউ ওৱেইট ফৰ মি ?) | আপুনি মোৰ কাৰণে ৰ'বনে ? |
| Are they lazy? (আৰ দে লেজি ?) | সিহঁত এলেহুৱানে ? |
| Is it raining? (ইজ ইট ৰেইনিং ?) | বৰষুণ দিছেনে ? |
| Do you like tea? (ডু ইউ লাইক টি ?) | তুমি চাহ ভাল পোৱানে ? |
| Does he come daily?<br>(ডাজ হি কাম ডেলি ?) | তেওঁ সদায় আহেনে ? |
| Who opened my letter?<br>(হু অপেণ্ড মাই লেটাৰ ?) | মোৰ চিঠিখন কোনে খুলিছিল ? |
| What's the time? (হোৱাট্চ টাইম ?) | কেইটা বাজিছে ? |
| Who is there? (হু ইজ দেয়াৰ ?) | তাত কোন আছে ? |
| When will you return?<br>(হোৱেন উইল ইউ ৰিটার্ন ?) | তুমি কেতিয়া ঘূৰিবা ? |
| Where is my book?<br>(হ্বেৰ ইজ মাই বুক ?) | মোৰ কিতাপখন ক'ত আছে ? |
| How is your father?<br>(হাও ইজ ইয়ৰ ফাডাৰ ?) | তোমৰ দেউতাৰা কেনে আছে ? |
| Whom do you want?<br>(হুম ডু ইউ ওৱাণ্ট ?) | তোমাক কাক লাগে ? |

| | |
|---|---|
| What's your name?<br>(হোৱাট্চ্ ইয়ৰ নেম ?) | তোমাৰ নাম কি ? |
| Which book do you choose?<br>(হুইচ বুক ডু ইউ চুজ ?) | তোমাৰ কোনখন কিতাপ পছন্দ ? |
| Would you like milk or tea?<br>(উড ইউ লাইক মিল্ক অৰ টি ?) | তুমি গাখীৰ ভাল পোৱানে চাহ ? |
| Shall we go now? (চেল উই গ' নাও ?) | আমি এতিয়া যামনে ? |
| Are you coming or not?<br>(আৰ ইউ কামিং অৰ নট ?) | তুমি আহিবানে নাহা ? |
| Did you do it or Ramesh?<br>(ডি ইউ ডু ইট অৰ ৰমেশ ?) | এইটো তুমি কৰিছিলানে ৰমশ ? |
| You have got the book?<br>(য়ু হেভ গট দি বুক ?) | কিতাপখন পালানে ? |
| Had you not been there?<br>(হেড ইউ নট বীন দেয়াৰ ?) | তুমি তালৈ যোৱা নাছিলানে ? |
| Were they not playing?<br>(উৱেৰ দে নট প্লেইং ?) | তেওঁলোকে খেলা নাছিলনে ? |
| Has the train not left yet?<br>(হেজ দি ট্ৰেন নট লেফট ইয়েট ?) | ট্ৰেনখন এতিয়াও যোৱা নাইনে ? |
| Who will not help her?<br>(হু উইল নট হেল্প হাৰ ?) | তেওঁক কোনে সহায় নকৰিব ? |

## আদেশাত্মক বাক্য (IMPERATIVE SENTENCES)
## (ইম্পাৰেটিভ চেণ্টেন্সচ)

| | |
|---|---|
| Go now. (গো নাও) | এতিয়া যোৱা। |
| Be cautious. (বি কচাচ) | সাৱধানে থাকিবা। |
| Open the book. (অ'পেন দি বুক) | কিতাপখন খোলা। |
| Please, do this. (প্লিজ ডু দিচ) | দয়া কৰি এইটো কৰক। |
| Be reasonable please.<br>(বি ৰিজনেব্‌ল প্লিজ) | অনুগ্ৰহ কৰি বুজিবলৈ চেষ্টা কৰক। |
| You be Quiet. (ইউ বি কোৱায়েট) | আপুনি শান্ত থাকক। |
| You mind your own business.<br>(ই মাইণ্ড ইয়ৰ অউন বিজিনেচ) | তুমি নিজৰ কাম কৰা। |
| Somebody come here.<br>(চামবডি কামচ হিয়াৰ) | কোনোবা ইয়ালৈ আহা। |

| | |
|---|---|
| Ram, you go over there. (ৰাম, হাউ গ' অভাৰ দেয়াৰ) | ৰাম, তুমি তালৈ যোৱা। |
| Let us move now. (লেট আচ মুভ নাও) | আমি এতিয়া যাওঁ ব'লা। |
| Let them come. (লেট দেম কাম) | তেওঁলোকক আহিবলৈ দিয়া। |
| Don't do this. (ডণ্ট ডু দিচ) | এইটো নকৰিবা। |
| Don't allow any one to enter. (ডণ্ট এলাও এনিবডি টু এণ্টাৰ) | ভিতৰলৈ কাকো আহিবলৈ নিদিবা। |
| Let us enjoy a walk. (লেট আচ এনজয় এ ওৱাক) | আহক, ভ্ৰমণৰ আনন্দ উপভোগ কৰোঁ। |
| Do have some more tea. (ডু হেভ চাম ম'ৰ টি) | আৰু অলপ চাহ দিয়ক। |
| Do this now. (ডু দিচ নাও) | এইটো এতিয়াই কৰা। |
| Do let us go to his house. (ডু লেট আচ গ' টু হিজ হাউচ) | বল'ক আমি তেওঁৰ ঘৰলৈ যাওঁ। |

## বিস্ময়বোধক বাক্য (EXCLAMATORY SENTENCES) (এক্সক্লামেটৰি চেণ্টেন্সেচ)

| | |
|---|---|
| How delightful is the scene (হাও ডিলাইটফুল ইজ দি চিন!) | কি সুন্দৰ দৃশ্য! |
| How wonderful! (হাও ওৱাণ্ডাৰফুল!) | কত অদ্ভূত! |
| What a fall! (হোৱাট এ ফল!) | কি পতন! |
| What a Long Queue! (হোৱাট এ লং কিউ!) | কি দীঘল লাইন! |
| How many years I waited (হাও মেনি ইয়াৰ্চ আই ওৱেটেড!) | কিমান বছৰ মই বাট চাই ৰলোঁ! |
| What a shame! (হোৱাট এ চেম্!) | কি লাজৰ কথা! |
| Ah me! (আহ্ মী!) | হায়, মই! |
| Well done! (ওৱেল ডান) | চেবাইচ! |
| Good God! (গুড গড!) | হে ঈশ্বৰ! |

# 10

# কিছুমান বন্ধা উপমা

## SOME SET COMPARISONS (চাম চে'ট কম্পেৰিজনচ)

1. as bitter as gall. (এজ বিটাৰ এ গল) বিষয়ৰ নিচিনা তিতা।
2. as black as coal. (এজ ব্লেক এজ ক'ল) কয়লাৰ নিচিনা ক'লা।
3. as blind as bat. (এজ ব্লাইণ্ড এজ বেট) বাদুলিৰ নিচিনা অন্ধ।
4. as brittle as glass (এজ ব্রিট্ল এজ গ্লাচ) কাঁচৰ নিচিনা ভঙ্গুৰ।
5. as brave as lion (এজ ব্রেভ এজ লাইন) সিংহৰ নিচিনা সাহসী।
6. as busy as bee.(এজ ব্রাইট এজ ডে) মৌ-মাখিৰ নিচিনা ব্যস্ত।
7. as bright as a day. (এজ ব্রাইট এজ ডে) দিনৰ নিচিনা উজ্জ্বল।
8. as clear as crystal. (এজ ক্লিয়াৰ এজ এজ ক্রিস্টাল) ফটিকৰ নিচিনা বগা।
9. as changeable as weather. (এজ চেঞ্জেবল এজ ওৱেদাৰ) বছৰৰ নিচিনা পৰিবৰ্ত্তনশীল।
10. as cool as cucumber (এজ কুল এজ কুকুম্বৰ) ডিয়ঁহ নিচিনা চেঁচা।
11. as cold as marble (এজ ক'ল্ড এজ মাৰ্বল) মাৰ্ব্বলৰ দৰে ঠাণ্ডা।
12. as cunning as fox (এজ কানিং এজ ফক্স) শিয়ালৰ নিচিনা ধূৰ্ত্ত।
13. as cheerful as lark. (এজ চিয়াৰফুল এজ লাৰ্ক) ভৰত পখিৰ নিচিনা প্রফুল্ল।
14. as dark as pitch. (এজ ডাৰ্ক এজ পিচ) আলকতৰাৰ নিচিনা ক'লা।
15. as dry as dust (এজ ড্রাই জে ডাস্ট) ধূলিৰ নিচিনা শুকান।
16. as deep as well. (এজ দীপ এজ ওৱেল) পাটনাদৰ নিচিনা দ।
17. as dead as stone. (এজ ডে'ড এজ স্টোন) পাথৰৰ নিচিনা প্ৰাণহীন।

18. as fresh as a rose. (এজ ফ্ৰে'চ এজ ৰ'জ) — গোলাপৰ নিচিনা স্নিগ্ধ।

19. as fresh as dew. (এজ ফ্ৰেচ এচ ডিউ) — নিয়ৰৰ নিচিনা তেজাল।

20. as firm as rock (এজ ফাৰ্ম এজ ৰক) — পাষাণৰ নিচিনা দৃঢ়।

21. as free as wind. (এজ ফ্ৰি এজ উইণ্ড) — বতাহৰ নিচিনা মুক্ত।

22. as fit as fiddle (এজ ফিট এজ ফিডল) — বেহেলাৰ নিচিনা কৰ্মক্ষম।

23. as gentle as lamb. (এজ জেণ্টল এজ লেম্ব) — ছাগলী পোৱালীৰ নিচিনা শান্ত।

24. as greedy as a wolf. (এজ গ্ৰিডি এজ উল্ফ) — কুকুৰনেচীয়া বাঘৰ নিচিনা লুভীয়া।

25. as green as grass. (এজ গ্ৰীন এজ গ্ৰাচ) — ঘাঁহৰ নিচিনা সেউজীয়া।

26. as good as gold. (এজ গুড এজ গ'ল্ড) — সোণৰ নিচিনা খাঁটি।

27. as happy as a king (এজ হেপি এজ কিং) — ৰজাৰ নিচিনা সুখী।

28. as hard as flint. (এজ হাৰ্ড এজ ফ্লিণ্ট) — চকমকি পাথৰৰ নিচিনা টান।

29. as light as a feather. (এজ লাইট এজ ফিডাৰ) — চৰাইৰ পাখিৰ নিচিনা পাতল।

30. as loud as thunder. (এজ লাউড এজ হিলচ) — ঢেৰেকনিৰ নিচিনা ডাঙৰ।

31. as old as hills. (এজ অ'ল্ড এজ হিলচ) — পৰ্ব্বতৰ নিচিনা পুৰণি।

32. as pale as death. (এজ পে'ল এজ ডে'থ) — মৃত্যুৰ নিচিনা শেঁতা।

33. as proud as a peacock. (এজ প্ৰাউড এজ পি-কক) — ম'ৰা চৰাইৰ নিচিনা অহংকাৰী।

34. as Quick as thought (এজ কুইক এজ থট) — চিন্তাৰ নিচিনা ক্ষিপ্ৰ।

35. as red as rose. (এজ ৰেড এজ ৰ'জ) গোলাপফুলৰ নিচিনা ৰঙা।

36. as round as ball. ধোপৰ নিচিনা ঘূনীয়া-
(এজ ৰাউণ্ড এজ বল)

37. as sharp as razor. খুৰৰ নিচিনা চোকা।
(এজ চাৰ্প এজ ৰেজৰ)

38. as silent as grave. মাৰিশালিৰ নিচিনা নীৰৱ।
(এজ চাইলেন্ট এ গ্ৰে'ভ)

39. as silly as a sheep. ভেড়াৰ নিচিনা মূৰ্খ।
(এজ চিলি এজ চিপ)

40. as sure as death. মৃত্যুৰ নিচিনা নিশ্চিত।-
(এজ চিওৰ এজ ডেথ)

41. as soft as butter. (এজ চফ্‌ট এজ বাটাৰ) মাখনৰ নিচিনা কোমল।

42. as sweet as honey. মৌৰ নিচিনা সোৱাদ।
(এজ চুইট এজ হনি)

43. as swift as an arrow. কাঁড়ৰ নিচিনা দ্ৰুত।
(এজ চুইফ্‌ট এজ এৰো)

44. as white as snow হৰফৰ নিচিনা বগা।
(এজ হোৱাইট এজ স্ন')

45. as wise as Solomon. চল'মনৰ নিচিনা জ্ঞানী।
(এজ ওৱাইজ এজ চল'মন)

# 11

# প্ৰবাদ বাক্য

## PROVERBS (প্ৰভাৰ্বচ)

| | | |
|---|---|---|
| 1. | Union is strength. (ইউনিয়ন ইজ ষ্ট্ৰেংথ) | একতাই বল। |
| 2. | Health is wealth (হে'ল্থ ইজ ওৱেলথ) | স্বাস্থ্যই সম্পদ। |
| 3. | Might is right. (মাইট ইজ ৰাইট) | জোৰ যাৰ মূলক তাৰ। |
| 4. | Honesty is the best policy (অনেস্টি ইজ দি বে'স্ট পলিচি) | সাধুতাই উত্তম পথ।- |
| 5. | Where there is a will there is a way (হ্বেৰ দেয়াৰ ইজ এ উইল দেয়াৰ ইজ এ ওৱে) | ইচ্ছা থাকিলে উপায় ওলায়। |
| 6. | A friend in need is a friend indeed (এ ফ্ৰে'ণ্ড ইন নীদ ইজ এ ফ্ৰে'ণ্ড ইনদিদ) | বিপদৰ বন্ধু আচল বন্ধু। |
| 7. | Money makes the mare go (মানি মেক্স দি মেয়াৰ গ') | টকাৰ নাউয়ে পাহাৰেদি চলে। |
| 8. | Death's day is the doom's day (ডে'থচ ডে ইজ দি ডুমচ ডে') | নিজে মাৰিলে জগতো মৰে। |
| 9. | To cast pearls before a swine (টু কাস্ট পাৰ্লচ বিফৰ এ চোৱাইন) | গাহাৰিয়ে মুকুতাৰ কি মোল বুজে। |
| 10. | Charity begins at home (চেৰিটি বিগিনচ এট হোম) | দান ঘৰতে আৰম্ভ হয়। |
| 11. | An empty vessel makes much noise. (এন এম্পটি ভেচেল মেকচ মাচ চাউণ্ড) | বাহিৰ ৰং চং ভিতৰত কোৱা ভাতুৰী। |
| 12. | Blood is thicker than water. (ব্লাড ইজ থিকাৰ দেন ওৱাটাৰ) | তেজৰ সম্বন্ধ গভীৰ হয়। |
| 13. | To blow one's own trumpet. (টু ব্ল' ওৱান্চ অউন ট্ৰাম্পেট) | নিজৰ ঢোল নিজে পিটা। |
| 14. | To indulge in one's praise. (টু ইণ্ডাল্জ ইন ওৱান'চ প্ৰেইজ) | নিজৰ প্ৰশংসা নিজে কৰা। |

15. Beauty weeps, fortune enjoys'. — ৰূপহীনে কান্দে ভাগ্যৱানে আনন্দ কৰে।
(বিউটি উইপচ, ফৰ্চুন এনজয়জ)

16. As you sow, so shall you reap — ৰুলে কাটিবলৈ পায়।
(এজ ইউ চ', চ' চেল ইউ ৰিপ)

17. Handsome is he that handsome does — আকৃতিতকৈ প্ৰকৃতি বেচি।
(হেণ্ডচাম ইজ হি দেট হেণ্ডচাম ডাজ)

18. Hope sustains life. — মানুহ আশাত জীয়াই থাকে।
(হ'প চাচটেইনচ লাইফ)

19. A drop in the ocean. — সমুদ্ৰত বাৰি বিন্দু।
(এ ড্ৰুপ ইন দি অ'চেন)

20. A figure among cyphres. — অন্ধৰ দেশত কণা ৰজা।
(এ ফিগাৰ এমং চাইফাৰচ)

21. The wearer best knows where the shoe pinches. — যাৰ ব্যথা সিহে বুজে।
(দি ওৱেৰাৰ বেষ্ট নওজ হুৱেৰ দি চু পিনচেচ)

22. Fate is inevitable — ভাগ্যৰ লিখন খণ্ডাব নোৱাৰে।
(ফেট ইজ ইনএভিটেবল)

23. Coming events cast their shadows. — ছাঁ আগে আগে যায়।
(কামিং ইভেন্টচ কাষ্ট দেয়াৰ চেড'জ)

24. To make castles in the air. — আকাশত চাং পতা।
(টু মেক কেচল ইন দি এয়াৰ)

25. Tit for tat. (টিট ফৰ টেট) — যেন কুকুৰ তেন টাঙোন।

26. It is never too late to mend. — ভুল শুধৰণিৰ নিৰ্দ্ধাৰিত সময় নাই।
(ইট ইজ নেভাৰ টু লেট টু মেণ্ড)

27. Something is better than nothing. — নাই মোমাইতকৈ কণা মোমায়েই ভাল।
(চামথিং ইজ বেটাৰ দেন নাথিং)

28. Make hay while the sun shines. — সময় থাকোতে কাম কৰি লোৱা।
(মেক হে' হোৱেন দি চান চাইনচ)

29. Riches have wings. — লক্ষ্মী সৰ্বত্ৰগামিনী।
(ৰিচেচ হেভ উইংচ)

30. Pure gold does not fear the flame. — সতাই অগ্নিলৈ ভয় নকৰে।
(পিওৰ গোল্ড ডাচ নট ফিয়াৰ দি ফ্লেম)

31. One flower Makes no garland. — এটা ফুলেৰে মালা নহয়।
(ওৱান ফ্লাৱাৰ মেকচ ন গাৰ্লেণ্ড)

32. While in Rome do as the Romans do. — যেনেকুৱা দেশ তেনেকুৱা ভেশ।
(হোৱাইল ইন ৰোম ডু এজ ৰোমানচ ডু)

33. No pains, no gains. — কষ্ট নকৰিলে একো নোপোৱা।
(নো পেইনচ, নো গেইনচ)

34. Much cry a little wool. — যিমান গৰ্জ্জন কৰে।
(মাচ ক্ৰাই এ লিটল উল)

35. Out of sight out of mind. — চকুৰ দূৰ হ'লে মনৰো দূৰ হয়।
(আউট অফ্ চাইট আউট অব মাইণ্ড)

36. Haste makes waste. — যিমান লৰালৰি সিমান অনৰ্থৰ মূল।
(হেষ্ট মেকচ ওৱেষ্ট)

37. Misfortune never come alone. — বিপদ অকলে নাহে।
(মিচফৰচুন নেভাৰ কামচ এলোন)

38. A burnt child dreads the fire. — এবাৰ সাপে খালে কেঁচুলৈকো ভয়।
(এ বাৰ্ণ্ট চাইল্ড ড্ৰেডচ ফায়াৰ)

39. Many a little makes a mickle. — এটোপা দুটোপা পাণীৰে সাগৰ হয়।
(মেনি এ লিটল মেকচ এ মিকল)

40. Money begets money. — টকাই টকা আনে।
(মানি বিগেটচমানি)

41. Man Proposes God disposes. — মানুহে পাতে ঈশ্বৰে ভাঙে।
(মেন প্ৰপজেচ্ গড ডিচপজেচ)

42. To live from hand to mouth. — পেটে ভাতে খাই জীয়াই থকা।
(টু লিভ ফ্ৰম হেণ্ড টু মাউথ)

43. To cry over spilt milk. — উৰি যোৱা চৰাই কান্দিলে ঘূৰি নাহে।
(টু ক্ৰাই অভাৰ স্পিল্ট মিল্ক)

| | |
|---|---|
| 44. From frying pan to fire (ফ্ৰম ফ্ৰাইং পেন টু ফায়াৰ) | ভূতৰ ওপৰত দানব। |
| 45. To kill two birds with one stone. (টু কিল টু বাৰ্ডচ উইথ ওৱান ষ্টোন) | এটা গুলীতে দুটা চিকাৰ। |
| 46. To make mountain of a mole hill. (টু মেক এ মাউণ্টেইন অফ এ ম'ল হিল) | তিলকে তাল কৰা। |
| 47. He jests at scars, who never felt a wound. (হি জেস্ট্চ এট স্কাৰ্চ হু নেভাৰ ফে'ল্ট এ উণ্ড) | যাক সাপে কামোৰা নাই সি বিষ কি বুজিব কেনেকৈ ? |
| 48. Forced labour is better than idleness. (ফৰ্চড লেবাৰ ই বেটাৰ দেন আইডলনেচ) | বেকাৰতকৈ বেগৰ খটা ভাল। |
| 49. Example is better than percept. (এগজাম্পল ইজ বেটাৰ দেন প্ৰিচেপ্ট) | উপদেশতকৈ উদাহৰণ ভাল। |
| 50. Every potter praises his pot. (এভৰি পটাৰ প্ৰেইজেচ হিজ পট) | নিজৰ লঁৰাক সকলোৱে ভাল দেখে। |
| 51. Diamond cuts diamond. (ডাইমণ্ড কাট্চ ডাইমণ্ড) | লোহাই লোহা কাটে। |
| 52. Man is the maker of his own destiny. (মেন ই দি মেকাৰ অফ হিজ ডেষ্টিনি) | মানুহে নিজেৰ ভাগ্য নিজে গঢ়ে। |
| 53. To add insult to injury. (টু ডে ইনচাৰ্ট) | কটা ঘাত নিমখ সনা। |
| 54. To err is human. (টু এৰ ইজ হিউমেন) | মানুহ মাত্ৰেই ভুল কৰে। |
| 55. A man is known by the company he keeps. (এ মেন ইজ নউন বা দি কম্পানী হি কীপচ) | মানুহক তেওঁৰ সঙ্গী সকলৰ দ্বাৰা চিনি পোৱা যায়। |
| 56. Drowning man catches at a straw. (ড্ৰাউনিং মেন কেচেছ এ ষ্ট্ৰ) | ডুবি মাৰিবলৈ ধৰা মানুহে খেৰ কুটা ডালকো ধৰে। |
| 57. Contentment is happiness. (কণ্টেণ্ট মেণ্ট ই হেপিনেচ) | সন্তোষেই সুখ। |

| | |
|---|---|
| 58. Slow and steady wins the race. (শ্লো এণ্ড ষ্টেডি উইনচ দি ৰেচ) | ধীৰ আৰু শান্ত ভাৱে কাম কৰিলে মানুহ সফল কাম হয়। |
| 59. All's well that ends well. (অল ইজ ওৱেল দেট এণ্ডচ ওৱেল) | সকলো ভাল যাৰ শেষ ভাল। |
| 60. Do good and cast in to the river. (ডু গুড এণ্ড কাষ্ট ইনটুদি ৰিভাৰ) | ভাল কাম কৰি নৈত পেলাই দিয়া। |
| 61. Cut your coat according to your cloth. (কাট ইয় কোট একৰ্ডিং টু ইয়ৰ ক্লথ) | আয় চাই ব্যয় কৰিবা। |
| 62. Birds of the same feather flock together. (বাৰ্ডচ্ অফ দি চেইম ফেদাৰ ফ্লক টুগেদাৰ) | চোৰৰ সঙ্গী চোৰ একসঙ্গে গোটি খায়। |
| 63. To carry coal to new castle. (টু কেৰি কোল টু নিউকেচলে) | লিডুলৈ কয়লা পঠোৱা। |
| 64. Everybody worships the rising sun. (এভ্ৰিবডি ওৱৰশ্বিপ দি ৰাইজিং চান) | উদিত সূৰ্যক সকলোৱে পূজা কৰে। |
| 65. Everything is fair in love and war. (এভৰিথিং ইফ ফেৱাৰ ইন লাভ এণ্ড ওৱাৰ) | প্ৰেম |
| 66. Love is blind (লাভ ইজ ব্লাইণ্ড) | প্ৰেম অন্ধ। |
| 67. Barking dogs seldom bite. (বাৰ্কিং ডগ চেলডম বাইট্চ্) | গৰ্জনকৰা মেঘে বৰ্ষুণ নিদিয়ে। |
| 68. All that glitters is not gold. (অল দেট গ্লিটাৰ্চ ইজ নট গল্ড) | সকলো চকমকীয়া বস্ত সোণ নহয়। |
| 69. First deserve then desire. (ফাষ্ট ডিজাৰ্ভচ দেন ডিজায়াৰ) | প্ৰথমে যোগ্যতা অৰ্জন কৰি পিচত বিচাৰিবা। |

| | |
|---|---|
| 70 A wolf in lambs clothing. (এ উলফ ইন লেম্বচ ক্লদিং) | ভেড়াৰ সাজত কুকুৰ নেটোৱা বাঘ। |
| 71. As the king so are the subjects. (এজ দি কিং আৰ দি চাবজেক্টচ) | যেনেকুৱা ৰজা তেনেকুৱা প্ৰজা। |
| 72. A bad workman quarrels with his tools. (এ বেড ওৱৰ্কমেন কোৱাৰেল উইথ হিজ টুলচ) | নাচিব নেজানে চোতাল খন বেঁকা। |
| 73. A nine days wonder. (এ নাইন্‌চ ডেইজ ওৱণ্ডাৰ) | চাৰিদিনৰ জোনাক। |
| 74. A little knowledge is a dangerous thing. (এ লিটল নেলেজ ইজ এ ডেঞ্জাৰাচ থিং) | অল্পবিদ্যা ভয়ংকৰী। |
| 75. Between two stools we come to the ground. (বিটুইন টু টুলচ ) | দুটাৰ আশাত গৈ একো নোপোৱা। |
| 76. Beneath the rose lies the serpent. (বিনিথ দি ৰোজ লাইজ দি সাৰ্পেন্ট) | সোণৰ কলহত বিষ। |
| 77. Cattle do not die from crow's cursing. (কেটল ডু নট ডাই ফ্ৰম ক্ৰ'চ কাৰ্চিং) | শগুণৰ শাপত গৰু নমৰে। |
| 78. Fortune favours the brave. (ফৰচুন ফেভাৰ্চ দি ব্ৰেভ) | সাহসী মানুহৰ প্ৰতি ভাগ্য প্ৰসন্ন হয়। |
| 79. It is work that makes a workman. (ইট ইজ ওৱৰ্ক দেট মেকচ এ ওৱৰ্কমেন) | কামে কাম শিকায়। |
| 80. Penny wise pound foolish. (পেনি ওৱাইজ পাউণ্ড ফুলিচ) | পাইৰ প্ৰতি কৃপনালী, টকাৰ প্ৰতি বহু খৰচী। |
| 81. Strike the iron while it is hot. (ষ্ট্ৰাইক দি আইৰণ হোৱেন ইট ইজ হট) | ছেগ চাই কাম কৰিবা। |

# 12

# সাধাৰণ ভুল

## COMMON ERRORS (কমন এৰৰ্চ)

1. Wrong-The peoples are pleased with the work.
   Right-The people are pleased with the work.
2. W.- The gentry of the city was present in the show.
   R.- The gentry of the city were present in the show.
3. W.- They engaged two maids-servant.
   R.- They engaged two maid-servants.
4. W.- Give my respect to your father.
   R.- Give my respects to your father.
5. W.- He gave all the informations.
   R.- He gave all the information.
6. W.- I like poetries to read.
   R.- I like poetry to read.
7. W.- the sceneries of Simla are beautiful.
   R.- The scenery of Simla is beautiful.
8. W.- He gave her a hundred rupee note
   R.- He gave her a hundred rupee note.
9. W - He took great pain to win the match.
   R - He took great pains to win the match.
10. W.- Let us help the poors.
    R.- Let us help the poor.
11. W.- He is true to his words.
    R - He is true to his word.
12. W.- Her hair are thick.
    R.- Her hair is thick.
13. W. - The teacher said that he will come tomorrow.
    R.- The teacher said that he would come tomorrow.
14. W - The father asked if he is ill.
    R.- The father asked if he was ill
15. W.- I wanted to know how you have done.
    R.- I wanted to know how you had done.

16. W.- He said that the earth was round.
R.- He said that the earth is round.
17. W.- If I was the principal of the college.
R.- If I were the principal of the College.
18. W - Walk carefully lest you fall.
R.- Walk carefully lest you should fall.
19. W.- I found that the book is not there.
R.- I found that the book was not there.
20. W.- She shall sing next.
R.- She will sing next.
21. W.- Shall you accompany me?
R.- Will you accompany me?
22. W.-I will not favour him.
R.- I shall not favour him.
23. W.-We will come tomorrow.
R.- We shall come tomorrow.
24. W.-I am too glad to see you.
R.- I am very glad to see you.
25. W.-It is very hot to work.
R.- It is too hot to work.
26. W.-Now. he is very well.
R.- Now, he is quite well.
27. W.-If you work hard then you can top.
R.- If you work hard, you can top.
28. W.-No sooner the teacher came the boys stooped talking.
R.- No sooner did the teacher came than the boys stopped talking.
29. W.-I had hardly left that he came.
R.- I had hardly left when he came
30. W.-He works hardly.
R.- He works hard.
31. W.-Unless you do not listen, you will not succeed.
R.- Unless you listen, you will not succeed.
32. W.-Copy this poem word by word.
R.- Copy this poem word for word.

33. W.-You should abstain of wine.

R.- You should abstain from wine.

34. W.-I have invited him for dinner.

R.- I have invited him to dinner.

35. W.-I have dispensed the services of the dishonest servant.

R.- I have dispensed with the services of the dishonest servant.

36. W.- He is blind from an eye.

R.- He is blind of an eye.

37. W.- He has been appointed on the post of clerk.

R.- He has been appointed to the post of a clerk.

38. W.- Compare Nehru to Tito.

R.- Compare Nehru with Tito.

39. W.- We reached at the station late.

R.- We reached the station late.

40. W.- He killed the bird by a gun.

R.- He killed the bird with a gun.

41. W.- The man is mortal.

R.- Man is mortal.

42. W.- Wanted a M.A. in English.

R.- Wanted an M.A. in English.

43. W.- He is a honourable person.

R.- He is an honourable person.

44. W.- Headmaster is out of person.

R.- The headmaster is out of station.

45. W.- Himalaya protects us.

R.- The Himalaya protects us.

46. W.- I have read Ramayana and Bible.

R.- I have read the Ramayana and the Bible.

47. W.- I left Delhi previous day.

R.- I left Delhi the previous day.

48. W.- Ganges is a sacred river.

R.- The Ganges is a sacred river.

49. W.- She is a best student.
R.- She is the best student.
50. W.- She is ill for three months.
R.- She has been ill for three months.
51. W.- Do you know to swim?
R.- Do you know how to swim?
52. W.- which city you like most?
R.- Which city do you like most?
53. W.- Being Sunday the school was closed.
R.- It being Sunday the school was closed.
54. W.- I have to give a test.
R.- I have to take a test.
55. W.- The teacher will take a test.
R.- The teacher will give a test.
56. W.- The captain with other players were present.
R.- The captain with other players was present.
57. W.- Every boy and girl were given prizes.
R.- Every boy and girl was given prizes.
58. W.- Either you or they is at fault.
R.- Either you or they are at fault.
59. W.- The committee was divided on the issue.
R.- the committee were divided on the issue.
60. W.- The committee were unanimous.
R.- The Committee was unanimous.
61. W.- Five Thousand rupees are a big amount.
R.- Five thousand rupees is a big amount.
62. W.- If you will absent yourself you will be fined.
R.- If you absent yourself, you will be fined.
63. W.- Neither he come nor he wrote a letter.
R.- Neither did he come nor he write a letter.
64. W.- Being a rainy day the match did not take place.
R.- It being a rainy day the match did not take place.
65. W.- The criminal was hung.
R.- The criminal was hanged.

66. W.- He has no issues.
R.- He has no issue.
67. W.- He came with the members.
R.- He came with the members of his family.
68. W.- These news are good.
R.- This news is good.
69. W.- I am thankful for you advices.
R.- I am thankful for your pieces of advice

Gentry (জেণ্ট্রি) = ভদ্রলোক; maid-servant (মেড-চাৰ্ভেণ্ট) = চাকৰনী; poetry (পয়েট্রি) = কবিতা; scenery (চিনেৰি) = দৃশ্য; Thick (থিক) = ডাঠ ; Next (নেক্সট) = পৰবৰ্ত্তী; accompany (একম্পেনি) = লগত যোৱা; favour (ফে'ভাৰ) = দয়া কৰা; Quite (কোৱাইট) = সম্পূৰ্ণ; Hardly (হাৰ্ডলি) = কোনো মতে ; hard (হাৰ্ড) = টান; unless (আনলেচ) = যদি নহয়; succeed (চাক্সিড) = সফল হোৱা; abstain (এবস্টেইন) = ত্যাগ কৰা; invite (ইনভাইট) = নিমন্ত্রণ কৰা; dinner (ডিনাৰ) = সান্ধ্য ভোজন; dispense with (ডিচপেন্চ উইথ) = ছেড়ে দেওয়া; appoint (এপইণ্ট) = নিযুক্ত কৰা; compare (কম্পেয়াৰ) = তুলনা কৰা; mortal (মৰটেল) = মৰণশীল; honourable (অনাৰেবল) = মাননীয়; protect (প্রটেক্ট) = ৰক্ষা কৰা; previous (প্রিভিয়াচ) = আগৰ; sacred (চেক্রেড) = পবিত্র; swim (চুইম) = সাঁতোৰা; prize (প্রাইজ) = পুৰস্কাৰ; fault (ফল্ট) = দোষ; unanimous (আনএনিমাচ) = একমত; criminal (ক্রিমিনেল) = অপৰাধী; issue (ইচু) = সন্তান; advice (এড্ভাইচ) = উপদেশ।

# 13
# খেলিমেলি লগোৱা শব্দ

**WORDS OFTEN CONFUSED** (ওৱাৰ্ডচ অফেন কনফিউজড)

| | | |
|---|---|---|
| 1. | accept (একচেপ্ট) | স্বীকাৰ কৰা গ্ৰহণ কৰা। |
| | except (একচেপ্ট) | বাদ দিয়া। |
| 2. | admit (এডমিট) | স্বীকাৰ কৰা, মানি লোৱা। |
| | confess (কনফেচ) | ভুল বা অপৰাধ স্বীকাৰ কৰা। |
| 3. | advice (এডভাইচ) | পৰামৰ্শ, উপদেশ। |
| | advise (এডভাইজ) | পৰামৰ্শ বা উপদেশ দিয়া। |
| 4. | answer (আন্চাৰ) | উত্তৰ দিয়া। |
| | reply (ৰিপ্লাই) | চিঠিৰ উত্তৰ দিয়া। |
| 5. | audience (অডিয়েন্স) | শ্ৰোতা, শুনা মানুহ। |
| | spectators (স্পেকটেটৰচ) | দৰ্শক, চোৱা মানুহ। |
| 6. | bag (বেগ) | মোনা, জোলোঙা। |
| | beg (বেগ) | ভিক্ষা কৰা, প্ৰাৰ্থনা কৰা। |
| 7. | bed (বে'ড) | বিছনা। |
| | bad (বেড) | বেয়া। |
| 8. | childish (চাইল্ডিচ) | মূৰ্খামি। |
| | childlike (চাইল্ড লাইক) | শিশু সুলভ। |
| 9. | climate (ক্লাইমেট) | জলবায়ু। |
| | weather (ওৱেদাৰ) | বতৰ। |
| 10. | council (কাউন্সিল) | সভা, সমিতি, পৰিষদ। |
| | counsel (কাউন্সেল) | উপদেশ, পৰামৰ্শ। |
| 11. | couple (কাপল) | এযোৰ পতি-পত্নী। |
| | pair (পেয়াৰ) | দুটা বস্তুৰ যোৰ। |
| 12. | cheque (চে'ক) | বেঙকৰ চে'ক। |
| | check (চে'ক) | পৰীক্ষা কৰা, নিয়ন্ত্ৰিত কৰা, থমোৱা। |
| 13. | cost (কস্ট) | মূল্য। |
| | coast (কোস্ট) | তীৰ, সাগৰৰ পাৰ। |
| 14. | cot (কট) | খাট। |
| | coat (কোট) | কোট চোলা। |
| 15. | dispense (ডিচপেন্স) | বাঁটি দিয়া, ঔষধ তৈয়াৰ কৰা। |

dispense with (ডিচপেন্স উইথ) এৰি দিয়া।
16. difference (ডিফাৰেন্স) প্ৰভেদ, পাৰ্থক্য।
deference (ডেফাৰেন্স) দ্বন্দ্বযুদ্ধ।
17. duel (ডুৱেল) দ্বন্দ্বযুদ্ধ।
dual (ডুৱেল) যুগ্ম।
18. deny (ডিনাই) অস্বীকাৰ কৰা, নামানা।
refuse (ৰিফিউজ) মানা কৰা, স্বীকাৰ নকৰা।
19. discover (ডিচকভাৰ) আৱিস্কাৰ কৰা।
explore (এক্সপ্লোৰ) ভালকৈ অনুসন্ধান কৰা।
20. eligible (এলিজিবল) যোগ্য, পঢ়িব নোৱাৰা।
illegible (ইল্লিজিবল) অস্পষ্ট, পঢ়িব নোৱাৰা।
21. exceed (একচিড) মাত্ৰা অতিক্ৰম কৰা।
excel (এক্চেল) শ্ৰেষ্ঠহোৱা, চেৰ পেলোৱা।
22. excess (একচেচ) ভালেখিনি।
access (একচেচ) সোমাই যোৱা বাট।
23: excite (একচাইট) উত্তেজিত কৰা।
incite (ইনচাইট) সক্ৰিয় কৰা, উদ্দীপ্ত কৰা।
24. expand (এক্সপাণ্ড) বহল কৰা, মুকলি কৰা।
expend (এক্সপেণ্ড) খৰচকৰা।
25. fair (ফেয়াৰ) বগা, উজ্জ্বল, মেলা, হাট।
fare (ফেয়াৰ) ভাড়া।
26. farther (ফাৰ্দাৰ) আৰু দূৰ।
further (ফৰডাৰ) বেচি দূৰ, তদুপৰি।
27. hanged (হেঙ্গড্) ফচী দিয়া।
hung (হাং) ওলোমাই থোৱা।
28. heart (হাৰ্ট) হৃদয়।
hart (হাৰ্ট) মতা হৰিণ।
hurt (হাৰ্ট) আঘাত।
29. hair (হেয়াৰ) চুলি।
hare (হেয়াৰ) শহা।
30. hail (হেইল) অভিবাদন।
hale (হে'ল) স্বাস্থ্যবান।
31. know (ন') জনা।
no (ন') নহয়।
32. leave (লিভ) এৰি দিয়া, ছুটি।
live (লিভ) জীয়াই থকা, বাস কৰা।

| | | |
|---|---|---|
| 33. | Loose (লুজ) | ঢিলা। |
| | lose (লুজ) | হেৰুওৱা। |
| 34. | notorious (নটৰিয়াচ) | কুখ্যাত বদমাচ। |
| | famous (ফেমাচ) | বিখ্যাত, প্ৰসিদ্ধ। |
| 35. | practical (প্ৰেক্টিকেল) | ব্যৱহাৰিক। |
| | practicable (প্ৰেকটিকেল) | ব্যৱহাৰ কৰিব পৰা। |
| 36. | principle (প্ৰিন্সিপল) | নীতি, সিদ্ধান্ত। |
| | principal (প্ৰিন্সিপাল) | মুখ্য, প্ৰধান, প্ৰমুখ। |
| 37. | personal (পাৰ্চনেল) | ব্যক্তিগত। |
| | personnel (পাৰ্চনেল) | কৰ্মচাৰী সকল। |
| 38. | physic (ফিজিক) | ঔষধ। |
| | physique (ফিজিক) | শাৰীৰিক গঠন। |
| 39. | quiet (কোৱায়েট) | শান্ত, নিশ্চল, স্থিৰ। |
| | quite (কোৱাইট) | সম্পূৰ্ণভাৱে, সঁচাকৈ। |
| 40. | rain (ৰে'ন) | বৰষুণ |
| | reign (ৰে'ন) | ৰাজত্ব কৰা। |
| | rein (ৰে'ন) | লাগামৰ মূৰৰ ছালৰ জৰী। |
| 41. | rout (ৰাউট) | পৰাজয়, হৈ-চৈ, কোলাহল। |
| | route (ৰুট) | যোৱা পথ, বাট। |
| 42. | son (চান) | পুতেক। |
| | sun (চান) | বেলি। |
| 43. | stationary (ষ্টেচনেৰী) | স্থিৰ, লৰচৰ নকৰা। |
| | stationery (ষ্টেচনেৰী) | লিখাৰ সামগ্ৰী। |
| 44. | umpire (আম্পায়াৰ) | নিৰ্ণায়ক। |
| | empire (এম্পায়াৰ) | সাম্ৰাজ্য, সম্ৰাটৰ শাসন। |
| 45. | veracious (ভেৰাচিয়াচ) | সত্যবাদী, সত্যনিষ্ঠ। |
| | voracious (ভৰেচিয়াচ) | অতিশয় লোভী, খকুৱা। |

# 14

# এটা শব্দত প্ৰকাশ

## ONE WORD SUBSTITUTION (ওৱান ওৱৰ্ড চাবস্টিটিউশ্বন)

1. One who does not believe in the existence of God - atheist (এথিস্ট) নাস্তিক।
2. One who does something as a hobby - amateur (এমেচাৰ) চেহেহুৱা শিকাৰু।
3. A life story by the person himself - autobiography (অবোয়'গ্ৰাফি) আত্মকথা।
4. An assembly of person who listen - audience (অডিয়েন্স) শ্ৰোতা।
5. An act of pardoning in general - amnesty (এমনেস্টি) বছেৰেকীয় বাৰ্ষিক।
6. An event recurring annually - annual (এনুৱেল) বছেৰেকীয়া, বাৰ্ষিক।
7. One who is unable to pay his debt - bankrupt (বেংক্ৰাপ্ট) দেউলিয়া।
8. Having two feet - biped (বাইপেড) দুঠেঙীয়া।
9. State of being unmarried - celibacy (চেলিবেচি) ব্ৰহ্মচৰ্য।
10. A fellow worker in the same office - colleague (কলিগ) সহকৰ্মী।
11. A stanza having two lines - couplet (কপ্লেট) কবিতাৰ পিচে-পিচে দুই চৰণ।
12. A man who readily believes - credulous (ক্ৰেডুলাস) সহজ বিশ্বাসী।
13. Where neither water nor vegetation is found - desert (ডেজাৰ্ট) মৰুভূমি।
14. Government of the people - democracy (ডেমক্ৰেচি) গণতন্ত্ৰ।
15. A book dealing with words in alphabetical order - dictionary (ডিক্সনাৰী) অভিধান।
16. A game in which neither party wins-drawn (ড্ৰন) সমান-সমান।
17. A continuous lack of rain - drought (ড্ৰাউট) অনাবৃষ্টি, খৰ।
18. A disease prevalent among community at special time - epidemic (এপিডেমিক) মহামাৰী।
19. Things without which we cannot do - essential (এচেন্সিয়েল) অপৰিহাৰ্য।
20. Set manners of conduct - etiquette (এটিকেট) শিষ্টাচাৰ।
21. A speech delivered without preparation - extempore (এক্সটেম্পৰ) তৎকালে।

22. Made to be absent for a long time from one's own country - exile (এগ্‌জাইল) নিৰ্বাচন।
23. A thing fit to be eaten - edible. (এডিবল) খাদ্য।
24. A person filled with wrong enthusiasm in religion - fanatic (ফেনাটিক) ধৰ্মোন্মত্ত।
25. Something which results in death - fatal. (ফেটাল) মাৰাত্মক, প্ৰাণনাশক।
26. One who believes in fate - fatalist. (ফেটালিস্ট) অদৃষ্টবাদী।
27. Art and science of language - grammar. (গ্ৰামাৰ) ব্যাকৰণ।
28. A long list of words with their meanings - glossary. (গ্লচাৰী) শব্দাৱলী।
29. A person who eats in excess - glutton (গ্লাটন) খকুৱা, ৰাক্ষস।
30. Killing of human being - homicide. (হোমিচাইড) নৰহত্যা।
31. The point where the earth and the sky seems to meet - horizon. (হৰাইজন) দিগন্ত, দিকচক্ৰবাল।
32. A state of warfare - hostility. (হোস্টিলিটি) শত্ৰুতা।
33. That which cannot be believed - incredible (ইনক্ৰেডিবল) অসজ্জাতী, বিশ্বাস কৰিব নোৱাৰা।
34. One who cannot read or write - illiterate. (ইলিটাৰেট) নিৰক্ষৰ।
35. That which is bound to happen - inevitable (ইনেভিটেবল) অৱশ্যম্ভাৱী, অটল।
36. That which cannot be recalled - irrevocable. (ইৰেভোকেবল) অপৰিৱৰ্ত্তনীয়।
37. That which cannot be seen - invisible (ইনভিজিবল্) অদৃশ্য।
38. That which catches fire easily - inflammable. (ইনফ্লেমেবল্) দহনশীল।
39. False sensual preposition - illusion. (ইলিউশ্বন) ভ্ৰম, মৰীচিক।-
40. That which kills insects - insecticide. (ইনচেকটিচাইড) কীটনাশক।
41. A place where prisoners are kept - jail. (জেইল) জেল, ফাটেক।
42. A thing concerning moon - lunar. (লনাৰ) চন্দ্ৰবিষয়ক।
43. A person who dies for the sake of his country - martyr. (মাৰ্টাৰ) শ্বহীদ।
44. Having the same name - namesake. (নেমচেক) একেনামৰ, মিতা।
45. A badly behaved child - naughty. (নটি) দুষ্ট।
46. All powerful - omnipotent (অমনিপটেন্ট) সৰ্বশক্তিমান।
47. Present everywhere - omnipresent (অমনিপ্ৰেজেন্ট) সৰ্বব্যাপী।
48. One who sees bright side of things - optimist (অপটিমিষ্ট আশাবাদী)

49. Having lot of fat in one's body - obesity. (অবোচিটি) লোধোমা গা, স্থূলত্ব।
50. Not transmitting light - opaque. (অপেক) অস্বচ্ছ, দৃষ্টিৰোধক।
51. A person without father and mother - orphan. (অৰফেন) অনাথ মাউৰা।
52. A thing of the east - oriental. (অৰিয়েন্টেল) প্ৰাচ্য।
53. One who loves one's country too much - patriot. (পেট্ৰিঅট) দেশভক্ত।
54. Medical examination of dead human body - postmortem. (পোস্টমৰ্টেম) শৱপৰীক্ষা।
55. After the death - posthumous. (পস্থুমাচ) মৰণোত্তৰ।
56. A place where ships seek shelter - port. (প'ৰ্ট) বন্দৰ।
57. One who pretends skill in medicine and surgery - quack. (কোৱাক) গাঁৱলীয়া বেজ।
58. To use a woman by force - rape. (ৰে'প) বলাৎকাৰ।
59. Too much of official formality - red tapism. (ৰে'ডটেপিজিম) চৰকাৰী অফিচৰ দীৰ্ঘ সূত্ৰতা।
60. The art of making idols - sculpture. (স্কাল্পচাৰ) ভাস্কৰ্য।
61. Which does not favour any one religion - secular. (চেকুলাৰ) ধৰ্মনিৰপেক্ষ।
62. A piece of music by one person - solo. (চ'ল)
63. A place where horses are kept - stable. (কে'ব্‌ল) ঘোৰাশাল।
64. To make free from living germs - sterilize. (স্টেৰিলাইজ) জীবাণুমুক্ত কৰা, জননশক্তি লোপ কৰা।
65. A person who abstains from all kinds of intoxication - teeto-taller. (টিটি' টেলাৰ) মদভাং নোখোৱা মানুহ।
66. One who believes in God - theist. (থেইস্ট) আস্তিক।
67. A writing which ends in death or sorrow - tragedy. ট্ৰেজেডি) শোকপূৰ্ণ।
68. Having three legs - tripod. (আপ টু ডে'ট) আজি লৈকে।
69. Having information till today - up-to-date. (আপ টু ডে'ট) আজি লৈকে।
70. One who uses a diet of vegetables as food - vegetarian. (ভলান্টিয়াৰ) শাকাহাৰী।
71. A person who undertakes service of one's own free will - volunteer. (ভেজিটেৰিয়ান) শাকাহাৰী।
72. A place where animals and birds are kept - zoo. (জু) চিড়িয়াখানা।

# 15
# শিষ্টাচাৰ
## ETIQUETTE (এটিকেট)

| | | |
|---|---|---|
| 1. | আপোনাৰ ভালনে ? | How do you do?<br>(হাও ডু ইউ ডু ?) |
| 2. | নমস্কাৰ, আপোনাৰ শুভ নাম ? | Hello, your good name?<br>(হেলো ইয়ৰ গুড নেম ?) |
| 3. | আপুনি দে নে কি ? | Are you Mr.Sharma?<br>(আৰ ইউ মি. দে ?) |
| 4. | মই ভালে আছো আপুনি ? | I'm well, how are you?<br>(আইম, ওৱেল, হাও আৰ ইউ ?) |
| 5. | মই সম্পূৰ্ণ ভালে আছোঁ। | Yes, I am quite well.<br>(ইয়েচ, আই এম কোৱাইট ওৱেল) |
| 6. | আপুনি বজাৰলৈ গৈছে নেকি ? | Are you going to the bazaar?<br>(আৰ ই গইং টু দি মাৰ্কেট ?) |
| 7. | হয়, আপুনিও যাবনেকি ? | Yes, are you also coming.<br>(ইয়েচ, আৰ ইউ অলচ্চ কামিং ?) |
| 8. | ভিতৰলৈ আহক। | Please come in.<br>(প্লীজ কাম ইন) |
| 9. | চাহ একাপ দিয়কচোন। | Please have some tea.<br>(প্লীজ হেভ এ কাপ অফ টি) |
| 10. | আপোনাৰ যি ইচ্ছা। | As you please<br>(এজ ইউ প্লীজ) |
| 11. | আপুনি মোৰ কাম এটা কৰি দিবনে ? | Will you please do me a favour?<br>(উইল ইউ প্লীজ ডু মি এ ফেভাৰ ?) |
| 12. | কওক কি কাম ? | Well, what's that?<br>(ওৱেল হোৱাট ইজ ডেট ?) |
| 13. | বাৰু, এইটো লওক। | Well, accept it.<br>(ওৱেল একচেপ্ট ইট) |
| 14. | ডাঙৰীয়া, মোক কিছু পইচা দিয়কচোন। | Please sir, give me some money. (প্লীজ, চাৰ, গিভ মি চাম মানি) |
| 15. | মই ভিতৰলৈ আহিব পাৰোনে ? | May I come in?<br>(মে আই কাম ইন ?) |
| 16. | আপুনি কাক লগ পাব খোজে ? | Whom do you want to see?<br>(মে আই কাম ইন ?) |

| | |
|---|---|
| 17. শুনক ককাইদেউ, ইয়ালৈ আহক। | Well brother, come here. (ওৱেল ব্ৰাদাৰ, কাম হিয়াৰ) |
| 18. সম্ভৱ হলে মোৰ কাম এটা কৰি দিব। | If possible do me a favour. (ইফ পচিব্‌ল ডু মি এ ফেভাৰ) |
| 19. অনুগ্ৰহ কৰি মোক কিছু পইচা দিয়ক। | Please, give me some money. (প্লীজ গিভ মি চাম মানি) |
| 20. ক্ষমা কৰিব, এতিয়া মোৰ হাতত একো নাই। | Please excuse me, I don't have right now. (প্লীজ এক্সচকিউজ মি আই ড'ন্ট হেভ ৰাইট নাও) |
| 21. আপোনাক বিব্ৰত কৰাৰ কাৰণে মই লজ্জিত। | I'm sorry to have troubled you. (আই এম চৰি টু হেভ ট্ৰাবলড ইউ) |
| 22. নমস্কাৰ, আপোনাৰ কি অসুবিধা ? | Good morning, what's the trouble with you? (গুড মৰ্নিং হোৱাট্‌চ্‌ দি ট্ৰাবল উইথ ইউ) |
| 23. মই আপোনাক কি ভাবে সাহায্য কৰি পাৰো ? | What service can I do for you? (হোৱাট চাৰ্ভিচ কেন আই ডু ফৰ ইউ) |
| 24. দুপৰীয়া খাবলৈ মতাৰ বাবে ধন্যবাদ। | Thanks for your invitation to lunch. (থেংকচ ফৰ ইয়ৰ ইনভিটেশ্বন ফৰ লাঞ্চ) |
| 25. আপোনাৰ পৰিচয় ? | Your introduction please? (ইয়ৰ ইন্ট্ৰডাকশ্বন প্লীজ ?) |
| 26. আপোনৰ পৰিচয় পাই বৰ আনন্দ পালো। | I am very glad to have your introduction. (আই এম ভেৰি গ্লেড টু হেভ ইয়ৰ ইন্ট্ৰডাকশ্বন) |
| 27. আপোনাৰ দেউতাকক মোৰ প্ৰণাম দিব। | Please give my compliments to father. (প্লীজ গিভ মাই কমিপ্লমেন্টচ্‌ টু ইয়ৰ ফাডাৰ) |
| 28. নতুন বছৰৰ শুভ কামনা ! | A very happy new year! (এ ভেৰি হেপি নিউ ইয়াৰ !) |
| 29. আপোনাৰ জন্মদিনত আন্তৰিক শুভেচ্ছা। | Hearty congratulations on your birthday. (হাৰ্টি কংগ্ৰাচুলেশ্বনচ্‌ অন ইয়ৰ বাৰ্থ ডে) |

| | |
|---|---|
| 30. আপোনাৰ সুখৰ ভৱিষ্যত কামনা কৰো। | Wish you the best of luck.<br>(উইচ ইউ বে'ষ্ট অফ লাক) |
| 31. আপোনাৰ ঘড়ীত কেইটা বাজিছে ? | what's the time by your watch?<br>(হোৱাট্চ্‌ দি টাইম বাই ইওৰ ওৱাচ ?) |
| 32. বেচ তেনেহ'লে, এতিয়া মোক যাবলৈ অনুমতি দিয়ক।- | Well, now allow me to go.<br>(ওৱেল নাও এলাও মি টু গ') |
| 33. আপুনি অহাৰ কাৰণে ধন্যবাদ। | Thanks for your visit.<br>(থেঙকচ্‌ ফৰ ইয়ৰ ভিজিট) |
| 34. বোধকৰোঁ আপোনাৰ ভূল হৈছে। | Perhaps you are mistaken.<br>(পাৰহেপচ্‌ ইউ আৰ মিচটেকেন) |
| 35. নমস্কাৰ, পুনৰ দেখা হ'ব। | Good bye, see you again.<br>(গুড বাই চি ইউ এগেইন) |
| 36. আপোনাৰ যেতিয়াই ইচছা আহিব। | You are always welcome.<br>(ইউ আৰ অলৱেজ ওৱেলকাম) |
| 37. লৌকিকতাৰ কোনো প্ৰয়োজন নাই। | Please don't stand on formalities<br>(প্লীজ ডু নট স্টেণ্ড অন ফৰ্মেলিটিজ) |
| 38. আৰাম কৰি বহক। | Please be seated comfortably.<br>(প্লীজ বি চিটেড কমফৰটেব্‌লি) |
| 39. আপোনাক আকৌ লগ পাই আনন্দ পালোঁ। | I'm glad to see you again.<br>(আয়ম গ্লেড টু চি ই এগেইন) |

# 16

# শৰীৰ আৰু স্বাস্থ্য

## BODY AND HEALTH (বডি এণ্ড হেল্‌থ)

| | | |
|---|---|---|
| 1. | শৰীৰ আত্মাৰ ঘৰ। | The body is the house of soul.<br>(দি বডি ইজ দি হাউচ অফ চ'ল) |
| 2. | শৰীৰৰ প্ৰতি বৰ যত্ন ল'বা। | Look after the body well.<br>(লক আফটাৰ দি বডি ওৱেল) |
| 3. | মানুহৰ শৰীৰ এটা আশ্চৰ্য্য বস্তু। | Human body is a wonderful thing.<br>(হ্যুমেন বড়ি ইজ এ ওৱাণ্ডৰফুল থিং) |
| 4. | দুৰ্বল শৰীৰতেই অসুস্থ মন বাস কৰে। | A weak body is a curse.<br>(এঁ উইক বডি ইজ এ কোৰ্চ) |
| 5. | সুস্থ শৰীৰতেই সুস্থ মন বাস কৰে। | Healthy mind lives in a healthy body.<br>(হেল্‌ডি মাইণ্ড লিভচ ইন এ হেল্‌ডি বডি) |
| 6. | ভাল স্বাস্থ্য সৌন্দৰ্য্যৰ ভেটি। | Good health is the basis of beauty.<br>(গুড হেল্‌থ ইজ দি বেচিচ অফ বিউটি) |
| 7. | আমাৰ শৰীৰক খাদ্য লাগে। | Our body needs food.<br>(আৱাৰ বডি নীচড ফুড) |
| 8. | খাদ্যই আমাৰ কাম কৰা শক্তিৰ যোগান ধৰে। | Food provides us energy.<br>(ফুড প্ৰভাইড আচ এনাৰ্জি) |
| 9. | সদাই সুষম খাদ্য খাব। | Always take balanced diet.<br>(অলৱেজ টেক বেলেঞ্চড্ ডায়েট) |
| 10. | স্বাস্থ্য হ'ল এক উপায়, সমাপ্তি নহয়। | Health is a means not an end.<br>(হে'ল্থ ইজ এ মিনচ্‌ট এন এ'ণ্ড) |
| 11. | তেওঁৰ স্বাস্থ্য ভাল নহয়। | He is not keeping good health.<br>(হি ইজ নট কিপিং গুড হে'ল্থ) |
| 12. | মোৰ বৰ পানী লাগিছে। | I have bad cold.<br>(আই হেভ বেড ক'ল্ড) |

| | | |
|---|---|---|
| 13. | সদায় ব্যায়াম কৰিবা। | Take exercise daily.<br>(টেক একচাৰচাইজ ডেইলি) |
| 14. | তেওঁৰ গোটেই গাটো বিষাইছে। | Her whole body is aching.<br>(হাৰ হ'ল বডি ইজ একিং) |
| 15. | তোমাৰ পূৰা জিৰণিৰ আৱশ্যক। | You require complete rest.<br>(ইউ ৰিকুয়াৰ কমপ্লিট ৰেস্ট) |
| 16. | আমি মোৰ গাটো ভাল নহয়। | I'm not feeling well today.<br>(আই এম ন'ট ফিলিং ওৱেল টুডে) |
| 17. | অনিতাই ঔষধ খাইছিলনে ? | Did Anita take medicine?<br>(ডিড অনিতা টেক মেডিচিন ?) |
| 18. | তুমি নিজকে ডাক্তৰী পৰীক্ষা কৰোৱা। | You get yourself medically examined.<br>(ইউ গে'ট ইয়ৰ চেল্ফ মেডিকেলি এগজামিন্ড) |
| 19. | তেওঁৰ কি অসুখ হৈছে ? | What is he suffering from?<br>(হোৱাট হি ইজ চাফাৰিং ফ্ৰম ?) |
| 20. | স্বাস্থ্য সম্পদ। | Health is wealth.<br>(হে'ল্থ ইজ ওৱেলথ) |
| 21. | ডাক্তৰক মাতক। | Call in the doctor.<br>(ক'ল ইন দ্য ডাক্তাৰ) |
| 22. | কোনো ভাল ডাক্তৰক দেখুওৱা। | Consult some good doctor.<br>(কনচাল্ট চাম গুড ডাক্তাৰ) |
| 23. | তেওঁ এজন গাঁৱলীয়া বেজ। | He is a quack.<br>(হি ইজ এ কোৱাক) |
| 24. | সীতাৰ মূৰ ঘূৰাইছিল। | Sita felt giddy.<br>(সীতা ফে'ল্ট গিডী) |
| 25. | তোমাৰ ৰোগৰ কিবা নিৰ্ণয় হৈছেনে ? | Has your disease been diagnosed?<br>(হেজ ইউৰ ডিজিজ বিন ডায়াগ্ন'জড) |
| 26. | সময়ে-সময়ে জুলাপ ল'বা। | Take purgative sometimes.<br>(টেক পাগেটিভ চাম টাইম) |
| 27. | জ্বৰৰ কাৰণে এইটোৱেই শ্ৰেষ্ঠ প্ৰতিকাৰ। | It's the best remedy for fever.<br>(ইট্চ দি বে'স্ট ৰেমেডি ফৰ ফিভাৰ) |

| | | |
|---|---|---|
| 28. | তেওঁৰ ভীষণ মূৰ কামুৰিছে। | He has severe headache.<br>(হি হেজ চিভিয়াৰ হেডেক) |
| 29. | বেছি ভোজন নকৰিবা। | Avoid over eating.<br>(এভইড্ অ'ভাৰ ইটিং) |
| 30. | বেচি পৰিশ্ৰম স্বাস্থ্যৰ কাৰণে হানিকাৰক। | Over work tells upon the health.<br>(ওভাৰ ওৱৰ্ক টে'লচ আপনি দি হে'ল্থ) |
| 31. | তেওঁৰ কি অসুখ হৈছে ? | What ails him.<br>(হোৱাট এইলচ্ হিম ?) |
| 32. | সি এটা মাৰাত্মক ৰোগত ভুগিছে। | He has been suffering from a fatal disease.<br>(হি হেজ বীন চাফাৰিং ফ্ৰম এ ফেটাল ডিজিজ) |
| 33. | তেওঁ যক্ষ্মা ৰোগত মৰিল। | He died of T.B.<br>(হি ডাইড অফ টি.বি.) |
| 34. | বসন্ত সোঁচৰা ৰোগ। | Smallpox is a contagious disease.<br>(স্মলপক্স ইজ এ কন্টেজিয়াচ ডিজিজ) |
| 35. | সি কোষ্ঠ কাঠিণতাত ভুগিছে। | He has been suffering from constipation.<br>(হি হেজবীন চাফাৰিং ফ্ৰম কনষ্টিপেশ্চন) |
| 36. | দুঘন্টাৰ পিচেপিচে ঔষধটো খাবা। | Take the medicine every two hours.<br>(টেক দি মেডিচিন এভ্ৰি টু আৱাৰ্চ) |
| 37. | মোৰ বৰ ভাগৰ লাগিছে। | I'm exhausted.<br>(আই এম এগজস্টেড) |
| 38. | তেওঁ মোৰ স্বাস্থ্যৰ বিষয়ে অনুসন্ধান কৰিছিল। | He came to enquire after my health.<br>(হি কে'ম টু এনকুৱেৰ আফটাৰ মাই হে'ল্থ) |

# 17

# অভিনন্দন আৰু কৃতজ্ঞতাজ্ঞাপন

## GREETINGS AND GRATITUDE (গ্ৰীটিংচ এণ্ড গ্ৰ্যাটিচিউড)

| | |
|---|---|
| 1. নতুন বছৰটো মঙ্গলময় হওক।- | All good wishes for a happy new year. (অল গুড উইচেচ্‌ফৰ এ হেপি নিউ ইয়াৰ) |
| 2. নৱবৰ্যৰ অভিনন্দন। | New year greetings. (নিউ ইয়াৰ গ্ৰীটিংচ) |
| 3. ঈশ্বৰে আপোনাক ধনে-জনে সুখী ৰাকখ। | May God bless you with man and money. (মে গড ব্লেচ ইউ উইথ মেন এণ্ড মোনি) |
| 4. আপোনাক দীপাৱলীৰ শুভ কামনা জনালো। | Happy Diwali to you! (হেপি দীৱালী টু ইউ !) |
| 5. এই শুভ অনুষ্ঠানলৈ আপোনা লোকৰ সকলোকে সাদৰ সম্ভাষণ। | You all are welcome on this happy occasion. (ওৱেলকাম অন দ্দিচ হেপি অকেশ্বন) |
| 6. ঈদৰ শুভেচ্ছা গ্ৰহণ কৰক। | Accept my Id greetings. (একচেপ্ট মাই ঈদ গ্ৰীটিংচ) |
| 7. নিমন্ত্ৰণৰ কাৰণে ধন্যবাদ। | Thanks for invitation. (থেংকচ্ ফৰ ইনভিটেশ্বন) |
| 8. শুভ কামনাৰ সৈতে। | With best wishes. (উইথ বেস্ট উইচেচ) |
| 9. দয়া কৰি মোৰ ঘৰলৈ আহক। | Please come to my house. (প্লিজ কাম টু মাই হাউচ) |
| 10. মই আপোনৰ পদৰৰ পৰিচয় পাব পাৰোনে ? | May I know your designation? (মে আই নউ ইয়ৰ ডেজিগনেশ্বন ?) |
| 11. অনুগ্ৰহ কৰি সভাপতিৰ আসন গ্ৰহণ কৰক। | Please take the chair of the president. (প্লিজ টেক দি চেয়াৰ অফ দি প্ৰেচিডেন্ট) |

| | |
|---|---|
| 12. মই আপোনাক কৃতজ্ঞতা জ্ঞাপন কৰোঁ। | I acknowledge your obligation. (আই একনলেজ ইয়ৰ অবলিগেশ্বন) |
| 13. মই আপোনাৰ ওচৰত কৃতজ্ঞ। | I'm grateful to you (আই এম গ্রেট ফুল টু ইউ) |
| 14. পদোন্নতিত অভিনন্দন। | Felicitations on promotion. (ফেলিচিটেশ্বনচ্ অন প্রমোচন) |
| 15. তেওঁক মোৰ শুভ কামনা জনাব।- | Give my good wishes to him. (গিভ মাই গুড উইচেচ্ টু হিম) |
| 16. মীৰাক মোৰ কথা ক'ব। | Remember me nicely to Meera. (ৰিমেম্বাৰ মি টু নাইচলি টু মীৰা) |
| 17. আপোনাৰ জন্মদিনত আন্তৰিক অভিনন্দন। | Hearty congratulations on your birth day. (হার্টি কংগ্রাচুলেশ্বন অন ইয়ৰ বার্থডে) |
| 18. এই শুভদিন বাৰে বাৰে আহক। | Many happy returns of the day. (মেনি হেপি ৰিটার্নচ্ অফ দি ডে) |
| 19. ইমান ভাল উপহাৰৰ কাৰণে ধন্যবাদ। | Thanks for such a beautiful present. (থেঙক্চ ফৰ চাচ এ বিউটিফুল প্রেজেন্ট) |
| 20. সৌজন্য প্ৰকাশত কোনো খৰচ নাই। | Courtesy costs nothing. (কার্টচি কস্ট নাথিং) |
| 21. তেওঁ বৰ নম্ৰ। | He is a very courteous. (হি ইজ ভেৰি কর্টিয়াচ) |
| 22. মই আপোনাৰ ওচৰত সাহায্য প্ৰাৰ্থনা কৰো। | I entreat you for help. (আই এনট্রিট ইউ ফৰ হেলপ) |
| 23. ঈশ্বৰে কৰক এনেকুৱা যেন নহয়। | God forbid it. (গড ফৰবিড্ ইট) |
| 24. মই আপোনৰ ওচৰত অতি বেচিকৈ ঋণী। | I'm very much indebted to you. (আই এম ভেৰি মাচ ইনডেবটেড টু ইউ) |
| 25. ঈশ্বৰক অশেষ ধন্যবাদ। | Many many thanks to God. (মেনি মেনি থেংকচ টু গড) |

# 18
# ঘৰ আৰু পৰিয়াল
## HOME AND FAMILY (হোম এণ্ড ফেমিলি)

| | | |
|---|---|---|
| 1. | এইটো আমাৰ ঘৰ। | This is our home.<br>(দিচ ইজ আৱাৰ হোম) |
| 2. | ঘৰ এটা অনুভূতিৰ নাম। | Home is the name of a feeling.<br>(হোম ইজ দি নেম অফ এ ফিলিং) |
| 3. | ইটা আৰু পাথৰেৰে তৈয়াৰ কৰা অট্টালিকাক ঘৰ নোবোলে। | The building made of bricks and stones is not a home.<br>(দি বিল্ডিং মেড অফ ব্রিকচ্ এণ্ড ষ্টোনচ ইজ নট এ হোম) |
| 4. | ঘৰ আৰু আবাসৰ মাজত পাৰ্থক্য আছে। | There is a difference between a house and a home.<br>(দেয়াৰ ইজ এ ডিফাৰেন্স বিট্টইন এ হাউচ এণ্ড এ হোম) |
| 5. | অনেক মানুহ আবাসত থাকে কিন্তু ঘৰত নহয়। | Many people live in houses not in homes.<br>(মেনি পিপ্‌ল লিভ ইন হাউচে নট ইন হোমচ) |
| 6. | ঘৰ হ'ল সুখ আৰু শান্তিৰ উৎস। | Home is a source of peace and happiness.<br>(হোম ইজ এ চৰ্চ অফ পিচ এণ্ড হেপিনেচ) |
| 7 | য'লৈকে নোযোৱা কিয় ঘৰ সকলোতকৈ শ্ৰেষ্ঠ। | East or west home is the best.<br>(ইস্ট অৰ ওৱেস্ট হোম ইজ দি বেস্ট). |
| 8. | ঘৰে সকলোকে একেলগ কৰে। | Home connects all with one another.<br>(হোম কনেকট্‌চ অল উইথ ওৱান এনাদাৰ) |

| | | |
|---|---|---|
| 9. | এই একতাৰ জ্ঞানেই পৰিয়ালৰ ভিত্তি। | This sense of oneness is the basis of family. (দিচ চেন্স অফ ৱাননেচ ইজ দি বেচিচ অফ ফেমিলি) |
| 10. | ঘৰেই শিশুৰ প্ৰথম পাঠশালা। | Home is the first school for children. (হোম হিজ দি ফাৰ্স্ট স্কুলৰ ফৰ চিল্ডৰেন) |
| 11. | ঘৰ হ'ল স্নেহ আৰু ভাল পোৱাৰ প্ৰতীক। | Home is a thing of love and affection. (হোম ইজ দি থিং অফ লাভ এণ্ড এফেকেশ্বন) |
| 12. | এতিয়া পৰিয়াল লাহেলাহে সৰু হৈছে। | Now, the families are becoming smaller. (নাও দি ফেমিলিজ আৰ বিকামিং স্মলাৰ) |
| 13. | তেওঁ ভাড়া ঘৰত থাকে। | He lives in a rented house. (হি লিভচ ইন ৰেণ্টেড হাউচ) |
| 14. | সেই ঘৰটো ভাড়াত দিয়া হব। | That house is to let. (দেট হাউচ ইজ টু লেট) |
| 15. | আমি এটি সৰু ঘৰৰ ভাড়াত লৈছোঁ। | We have rented a small house. (উই হেভ ৰেনটেড এ স্মল হাউচ) |
| 16. | তেওঁ চৰকাৰী কোৱাৰ্টাৰত থাকে। | They live in a government quarters. (দে লিভ ইন এ গভৰ্নমেণ্ট কোৱাৰ্টাৰ) |
| 17. | আপোনাৰ পৰিয়ালত কিমানজন মানুহ ? | How many members are there in your family? (হাও মেনি মেম্বাৰ্চ ইন ইয়ৰ ফেমিলি ?) |
| 18. | আপোনাৰ ভাই-ভনী কেইজন ? | How many brothers and sisters are you? (হাওমেনি ব্ৰাডাৰ্চ এণ্ড চিস্টাৰ্চ আৰু ইউ ?) |

| | |
|---|---|
| 19. আপোনাৰ দেউতাই কি কৰে ? | What's is your father doing? (হোৱাট ইজ ইয়ৰ ফাডাৰ ডুইংগ ?) |
| 20. মই আপোনাৰ ককাইদেউক চিনি পাওঁ। | What's is your elder brother. (আই নউ ইয়ৰ এল্ডা ব্ৰাডাৰ) |
| 21. আপোনাৰ মাকৰ স্বাস্থ্য সিমান ভাল নহয়নেকি ? | Has your mother been not keeping well? (হেজ ইয়ৰ মাদাৰ বীন নট কিপিং ওৱেলঁ) |
| 22. তেওঁৰ ল'ৰাছোৱালী কেইটা ? | How many children has he? (হাও মেনি চিল্ড্ৰেণ হেজ হি ?) |
| 23. তেওঁ বাল বিধৱা। | She is a widow from childhood. (চি ইজ উইড' ফ্ৰম চাইল্ডহুড) |
| 24. তেওঁ কিমান দিন বৰলা ? | Since when has he been a widower? (চিস হোৱেন হেজ হি বীন এ উইড'ৱাৰ) |
| 25. গৃহসজ্জাও এটা শিল্পকলা। | Home decoration is also an art. (হোঁম ডেকৰেচেন ই অলচ্ছ এন আৰ্ট) |
| 26. সবিতা এগৰাকী পাকৈত গৃহিনী৷ | Sarita is an expert house-wife. (সবিতা ইজ. এন এক্সপাৰ্ট হাউচ ওৱাইফ) |
| 27. বাঢ়নীৰ চোতালখন সাৰা। | Sweep the courtyard with the broom. (চুইপ দি কৰ্টিয়াড্ উইথ দি ব্ৰুম) |
| 28. ৰ'দত কাপোৰ মেলি দিয়া। | Spread the clothes in the sun. (স্প্ৰেড দি ক্ল'দ্চ ইন দি চান) |
| 29. মোৰ কাৰণে বিছনাখন পাৰা। | Make the bed for me. (মেক দি বে'ড ফ মি) |
| 30. অকলশৰীয়া জীৱনত মই অতিষ্ঠ হৈ উঠিছো। | I'm fed up with lonely life. (আই এম ফে'ড আপ উইথ ল'নলি লাইফ) |

31. আপোনাৰ খুড়া ভিতৰত আছেনে ? | Is your uncle in? (ইজ ইয়ৰ আংকল ইন ?)

32. তেওঁক বৰ বয়সীয়া দেখায়। | He looks very aged. (হি লুকচ ভেৰি এজেড্)

33. গৌৰী আপোনাৰ কোন ? | What's Gauri to you? (হোৱাট্চ গৌৰী টু ইউ)

34. মোক দেখা কৰিবলৈ কোনোবা আহিছিল নে ? | Did any one come to see me? (ডিড এনি ওৱান কাম টু চি মি ?)

35. চোঁৱাচোন কোনোবাই দুৱাৰত খটখটাইছে। | See, who is knocking at the door? (চি, হু ইজ নকিং এট দি ডুৱৰ।)

36. মা, তুমি এতিয়াও সাৰ পাই আছা ? | Mother, you are still awake? (মাদাৰ, ইউ আৰ স্টিল এওৱেক ?)

37. দুই বাই-ভনীয়ে কথা পাতিছিল। | Both the sister were gossiping. (বোথ দি চিচ্টাৰ্চ উৱেৰ গচিপিং)

38. তুমি অলপপৰ জিৰণি লোৱা। | You take rest for a while. (ইউ টেক ৰেস্ট ফৰ এ হোৱাইল)

39. অনুগ্ৰহ কৰি তেওঁক ফোন কৰা। | Please ring him up. (প্লিজ ৰিং হিম আপ)

40. চাকৰনীজনী ছুটিত আছে। | The maid-servant is on leave. (দি মেইড চাৰ্ভেন্ট ইজ অন লিভ)

41. তুমি বাচনবোৰ মাজি দিয়া। | You clean the utensils. (ইউ ক্লিন দি ইউটেনচিলচ্)

42. ৰাগীয়াল বস্তুৰ পৰা দূৰত থাকিবা। | Abstain from narcotics. (এবস্টেইন ফ্ৰম নাৰ্কটিকচ)

43. তেওঁ মাকৰ ওচৰলৈ গৈছে। | She has gone to her mother's house. (চি হেজ গন টু হাৰ মাদাৰচ হাউচ)

# 19

# বতৰ আৰু আমি

## WE AND WEATHER (উই এণ্ড ওৱেদাৰ)

| | | |
|---|---|---|
| 1. | আজি বৰ গৰম। | It's very sultry today.<br>(ইট ইজ ভেৰি চালট্ৰি টু ডে) |
| 2. | ঠাণ্ডা বতাহ আৰু দুদিন ব'ব। | The cold wave will last two more days.<br>(দি কʼল্ড ওৱেভ উইল লাস্ট টু-মʼৰ ডেইজ) |
| 3. | বৰষুণ দিয়াৰ সম্ভাৱনা আছে। | It is likely to rain.<br>(ইট ইজ লাইকলি টু ৰেইন) |
| 4. | ভাৰত মৌচুমী বায়ুৰ দেশ। | India is a country of monsoon.<br>(ইণ্ডিয়া ইজ এ কাণ্ট্ৰি অব মনচুন) |
| 5. | পশ্চিমীয়া বতাহ বইছে। | The west wind is blowing.<br>(দি ওৱেস্ট উইণ্ড ইজ ব্লয়িং) |
| 6. | শিল বৰষুণ হোৱাৰ সম্ভাৱনা আছে। | There is a possibility of a hailstorm.<br>(দেয়াৰ ইজ এ পচিবিলিটি অফ এ হেইল স্টৰ্ম) |
| 7. | বসন্ত কালত আমৰ ফুল ফুলে। | The mango bloom in spring.<br>(দি মেঙ্গো ব্লুম ইন স্প্ৰিং) |
| 8. | চোৱা, কুলিয়ে গাইছে। | See, the Cuckoo is singing.<br>(চী, দি কাকু ইজ চিঙ্গিঙ্গ) |
| 9. | আকাশখন মেঘে ঢাকি থ'ব। | The sky will remain over cast.<br>(দি স্কাই উইল ৰিমেইন অভাৰকস্ট) |
| 10. | লু বইছে, তামাৰ মূৰটো ঢাকা। | Hot wave is blowing, cover your head.<br>(হট ওৱেভ ইজ ব্লইং কভাৰ ইয়ৰ হেʼড) |
| 11. | ঋতুয়ে আমাৰ ওপৰত প্ৰভাৱ বিস্তাৰ কৰে। | Seasons affect us.<br>(চীজন এফেক্ট আচ) |

| | |
|---|---|
| 12. হোলি বসন্ত কালাৰ উৎসৱ। | Holi is the festival of spring.<br>(হোলি ই দি ফেস্টিভেল অফ স্প্ৰিং) |
| 13. মাঘ মেলা আৰম্ভ হৈছে। | Magh fair has started.<br>(মাঘ ফেয়াৰ হেজ ষ্টাৰ্টেড) |
| 14. তেওঁ বতৰ বিভাগত কাম কৰে। | He is employed in meteorological department.<br>(হি ইজ এমপ্লইড ডিপাৰ্টমেণ্ট) |
| 15. বতৰৰ আগজাননী শুনা। | Listen the weather forecast.<br>(লিচন টু দি ওৱেদাৰ ফৰকাষ্ট) |
| 16. গ্ৰীষ্মকালটো মোৰ সহ্য নহয়। | The summer season does not suit me.<br>(দি চামাৰ ডাজন্ট চুট মি) |
| 17. তেওঁ শৰৎকালত ছুটিত আহিব। | He will come in autumn break.<br>(হি উইল কাম্ ইন অটম ব্ৰেক) |
| 18. সকলোৱে বৰষুণৰ কাৰণে অপেক্ষা কৰিছে। | All are waiting for rains.<br>(অল আৰ ওৱেটিং ফৰ ৰেʼনস) |
| 19. মহিলা সকলে ৰʼদ লৈছিল। | The women were basking in the sun.<br>(লেডীজ উৱেৰ বাচকিং ইন দি চান) |
| 20. ভিখাৰীটো জাতৰ কঁপিছিল। | The beggar was shivering with cold.<br>(দি বেগাৰ ওৱাজ চিভাৰিং উইথ কʼল্ড) |
| 21. তেওঁ ৰʼদত বিমূৰ্চ্ছিত হোৱা ৰোগত ভুগিছিল। | He has been suffering from heat stroke.<br>(হি হেড বীন চাফাৰিং ফ্ৰম হিট স্ট্ৰোক) |
| 22. ৰামু বৰষুণত বৰ বেয়াকৈ তিতিছিল। | Ramu got drenched in rain.<br>(ৰামু গট ড্ৰেনচড ইন ৰেন) |
| 23. মেঘে গাজিছে। | The clouds are thundering.<br>(ক্লাউডচ আৰ থাণ্ডাৰিং) |
| 24. মনে ধৰিছে বজ্ৰ পৰিছে। | It seems lightning has struck.<br>(ইট চিমচ লাইটনিং হেজ স্ট্ৰাক) |

# 20

# আহৰিৰ সময়

## MOMENTS OF LEISURE (মমেন্টচ অফ্ লেইজাৰ)

| | | |
|---|---|---|
| 1. | আপুনি কি খেলে ? | Which game do you play? (হুইচ গেম ডু ইউ প্লে ?) |
| 2. | মই ফুটবল ভাল পাওঁ। | I'm fond of football. (আয়ম ফণ্ড অফ ফুটবল) |
| 3. | আহক আমি ক্রিকেট খেলো। | Come, let us play cricket. (কোম লৈট আচ প্লে ক্রিকেট) |
| 4. | তেওঁ দবা খেলিব জানে। | He knows how to play chess. (হি নউজ হাও টু প্লে চে'চ) |
| 5. | আজি মোৰ আজৰি আছো। | I'm at leisure today. (আয়ম এট লেইজাৰ টুডে) |
| 6. | আজৰিৰ সময়ত আহিবা। | Come in leisure. (কাম ইন লেইজাৰ) |
| 7. | সিহঁতে চিলা উৰুৱাইছো। | They are flying kites. (দে আৰ ফ্লাইং কাইটচ) |
| 8. | আপোনাৰ আঘাত লাগিল নেকি ? | Are you hurt? (আৰ ইউ হার্ট ?) |
| 9. | আমাৰ দলটো এক ইনিংচত জিতিছে। | Our team won by an innings. (আৱাৰ টীম ওৱন বাই এন ইনিংচ) |
| 10. | চিনেমা মনোৰঞ্জনৰ এটা ভাল উপায়। | Cinema is a good source of entertainment. (গুড চ'ৰ্চ অফ এণ্টাৰ্টেইনমেণ্ট) |
| 11. | তেওঁ গান গাবলৈ ভাল পায়। | She is fond of singing. (চি ইজ ফণ্ড অফ চিঙ্গিগ) |
| 12. | আহা আমি এক বাজী দবা খেলো। | Come, let us have a round of chess. (কাম লেট আচ হেভ এ ৰাউণ্ড অফ চে'চ) |
| 13. | তেওঁ নানা ধৰণৰ তাচ খেলা জানে। | He knows many card-games. (হি নউজ মেনি কার্ড গেমচ) |
| 14. | মেচ খন অমীমাংসিতভাৱে শেষ হ'ল। | The match ended in a draw. (দি মেচ এণ্ডেড ইন এ ড্ৰ) |
| 15. | কোন জিকিল ? | Who won? (হু ৱন ?) |

| | |
|---|---|
| 16. তেওঁ এটাৰ পিচত এটাকৈ অনেক বাউণ্ডৰী মাৰিলে। | He hits many consecutive boundaries. (হি হিট্চ মেনি কনচিকিউটিভ বাউণ্ডেৰীজ) |
| 17. ঘোৰাত উঠা এটা ভাল চখ। | Riding is a good hobby. (ৰাইডিং ইজ এ গুড হবি) |
| 18. ভালকৈ মিহলি নকৰি তাচ নাবাঁটিবা। | Don't deal cards without shuffling well. (ডউন্ট ডিল কার্ড্চ উইদাউট চাফ্লিং) |
| 19. তেওঁ দীঘল জাপত প্ৰথম হৈছিল। | He was first in long jump. (হি ওৱাজ ফার্ষ্ট ইন লং জাম্প) |
| 20. দৰ্শকে হাততালি দিছিল। | The spectators clapped. (দি স্পেকটেটৰচ্ ক্লেপ্ড) |
| 21. জলি এজন প্ৰসিদ্ধ দৌৰবিদ। | Jolly is a famous sprinter. (জলি ইজ এ ফেমাচ স্প্ৰিন্টাৰ) |
| 22. আহা বাজী মাৰা। | Come on the bet. (কাম অন বেট) |
| 23. বাগিছা কৰা তেওঁৰ চখ। | Gardening is his hobby. (গাৰ্ডেনিং ইজ হিজ হবি) |
| 24. তেওঁ কামৰ পৰা জিৰণি নাপায়। | He has no rest from work. (হি হেজ ন' ৰেষ্ট ফ্ৰম ওৱৰ্ক) |
| 25. জুৱা খেলা এটা অপৰাধ। | Gambling is an offence. (গেম্বলিং ইজ এন অফেন্স) |
| 26. তুমি এলেহুৱা হৈ বহি আছা কিয় ? | Why are you sitting idle? (হোৱাই আৰ ইউ চিটিং আইড্ল) |
| 27. আমি এটা ক্লাব যোগ দান কৰা নাই কিয় ? | We have formed a club. (হোৱাই ডউন্ট ইউ জইন আৱাৰ ক্লাব) |
| 28. তুমি আমাৰ ক্লাবত যোগ দান কৰা নাই কিয় ? | Why don't you join our club? (হোৱাই ডউন্ট ইউ জইন আৱাৰ ক্লাব ?) |
| 29. তুমি কি মাত্ৰ গল্পই কৰিবা আৰু কোনো কাম নকৰিবা ? | Would you do some work or go on gossiping? (উদ ইউ ডু চাম ওৱৰ্ক অব গ' অন গচিপিং ?) |
| 30. ষ্টেডিয়ামটোত তিল মাত্ৰাও ঠাই নাছিল। | The stadium was packed to capacity. (দি ষ্টেডিয়াম ওৱাজ পেকটড্ টু কেপাচিটি) |

31. ল'ৰাছোৱালীবোৰে লুকাভাকু খেলিছে। The children are playing hide and seek. (দি চিল্ডেৰেন আৰ প্লেইং হাইড এণ্ড চিক)

32. তেওঁৰ অভিনয় কৰা চখ। His hobby is acting. (হিজ হবি ই একটিং)

33. ইয়াত পুতলা নাচ হ'ব। A puppet show will be held there. (এ পাপেট শ্ব' উইল বি হে'ল্ড হিয়াৰ)

34. জীৱন নাটক চাবলৈ গৈছে। Jeevan has gone to see a play. (জীবন হেজ গন টু-চি এ প্লে)

35. হৰিশ কাবড্ডিৰ প্ৰধান জিকাৰু Harish is a Kabaddi champion. (হৰিশ ইজ এ কাবাডিড্ চেম্পিয়ন)

36. তেওঁ আমাৰ দলৰ কেপ্তেইন। He is captain of our team. (হি ইজ দি কেপ্তেইন অফ আৱাৰ টিম)

37. কৰিম শ্ৰেষ্ঠ হকী খেলুৱৈ। Karim is the best hockey player. (কৰিম ইজ দি বে'ষ্ট হকী প্লেয়াৰ।)

# 21

# সাৱধানতা আৰু সংকেত

## CAUTIONS AND SIGNALS (কশ্বন এণ্ড চিগনেলচ)

1. বাটৰ মাজেদি খোজ কঢ়া বিপজ্জনক। It's dangerous to walk on a road. (ইট ইজ ডেনজাৰাস টু ওৱাক অন এ ৰোড)

2. চলি থকা বাচত নুঠিবা। Don't board the running bus. (ডউন্ট বোৰ্ড দি ৰাণিং বাচ)

3. বিনা টিকটত ভ্ৰমণ কৰা অপৰাধ। It's a crime to travel without ticket. (ইট ইজ এ ক্ৰাইম য়টু ট্ৰেভেল উইদাউট এ টিকেট)

4. মহিলা সকলক বহিবলৈ দিয়ক। Give seats to ladies. (গিভ্চ চিট্চ টু লেডীজ)

5. ৰাস্তা পাৰ হোৱাৰ সময়ত সোঁ আৰু বাওঁ ফাললৈ চাই ল'ব। Look to left and right while you cross the road. (লুক টু লেফ্ট এণ্ড ৰাট হোৱাইল ইউ এচ দি ৰোড)

6. সদায় বাওঁ পিনে যাবা। — Always keep to the left.
(অলওৱেজ কীপ টু দি লেফট)

7. লাহে-লাহে চলোৱা মানে নিৰাপদে চলোৱা। — Slow driving, safe driving.
(শ্ল' ড্ৰাইভিং চেফ ড্ৰাইভিং)

8. ইয়াত গাড়ী নৰখাব। — No parking here.
(ন' পাৰ্কিং হিয়াৰ)

9. ঘাঁহৰ ওপৰেদি খোজ নাকাঢ়িব। — Keep off the grass.
(কীপ অফ দি গ্ৰাচ)

10. ফুল আৰু পাত ছিঙা নিষেধ। — Plucking of flowers and leaves is prohibited.
(প্লাকিং অফ ফ্লাৱাৰ্চ এণ্ড লিভচ আৰ প্ৰহিবিটেড্ড)

11. গধূৰ বাহন চলোৱাৰ অনুমতি নাই। — Heavy vehicles are not allowed.
(হেভি ভেহিকলচ্ আৰ নট এলাওড্)

12. বিপদৰ সময়ত চে'ন টানক। — In case of danger pull the chain.
(ইন কেচ অফ ডেঞ্জাৰ পুল দি চে'ন)

13. সন্মুখত বিপজ্জনক ঘোৰ খোৱা ৰাস্তা আছে। — Dangerous curve ahead.
(ডেঞ্জাৰাচ কাৰ্ভ এহে'ড)

14. এই ৰাস্তাৰেদি যোৱাৰ অধিকাৰ নাই। — No throughfare.
(ন' থৰ'ফেয়াৰ)

15. কুকুৰৰ পৰা সাৱধান। — Beware of the dogs.
(বীওৱেৰ অব ডগচ্)

16. সন্মুখত ৰাস্তা বন্ধ। — Road blocked ahead.
(ৰোড ব্লকড্ এহে'ড)

17. বিনা অনুমতিত প্ৰৱেশ নিষেধ। — Not entry without permission.
(ন' এন্ট্ৰি উইদাউট পাৰ্মিছন)

18. গাড়ীৰ ভৰি ৰখা ঠাইত থিয় হৈ ভ্ৰমণ নকৰিব। — Don't travel on the footboard.
(ডউন্ট ট্ৰেভেল অন দি ফুট বোৰ্ড)

19. বিজ্ঞাপন নলগাব। — Stick no bills.
(ষ্টিক ন' বিলচ্)

20. ধূমপান নিষেধ। — Smoking is prohibited.
(স্মকিং ইজ প্ৰহিবিটেড)

21. দলঙৰ ওপৰেদি পাৰ হ'ব। — Use the bridge to cross over.
(ইউজ দি ব্ৰিজ টু ক্ৰচ অভাৰ)

22. জেপ লুৰুকাৰ পৰা সাৱধান। — Beware of the pickpockets.
(বিৱেৰ অফ পিকপকেটচ)

23. আপোনাৰ সহায়তাৰ কাৰণে আমাক সহায় কৰক — Help us to help you.
(হেলপ আস টু হেলপ ইউ)

# 22

# বজাৰৰ আৰু বস্তু কিনা

## BAZAAR AND SHOPPING (বাজাৰ এণ্ড চিপং)

| | | |
|---|---|---|
| 1. | মই বজাৰলৈ যাবলৈ বাধ্য হৈছিলোঁ। | I was obliged to go to bazaar. (আই ওৱাজ অবলাইজড টু গ' টু মাৰ্কেট) |
| 2. | তাত মোৰ দুই-তিন ঘণ্টা লাগিল। | It took my two-three hours. (ইট টুক মাই টু থ্ৰি আৱাৰ্চ) |
| 3. | শুনিছোঁ আপুনি স্কুটাৰ কিনিব। | I have heard you are going to buy a scooter. (আই হেভ হাৰ্ড ইউ আৰ গইং টু বাই এ স্কুটাৰ) |
| 4. | কি হ'ল, ইমান দাম! | What's the matter, so much price. (হোৱাট মেটাৰ চ' মাচ প্ৰাইচ) |
| 5. | আপুনি মানক বা নামানক, সংসাৰ চলোৱা টান হৈ পৰিছে। | You may agree or not, it is becoming difficult to manage. (ইউ মে এগ্ৰি অৰ নট, ইট ইজ বিকামিং ডিভিকাল্ট টু মেনেজ) |
| 6. | এতিয়াও কোনো কাম বাকী আছেনেকি ? | Is something remain to be done yet? (ইট চামথিং ৰিমেইনচ টুবি ডান য়েট ?) |
| 7. | বাৰু ইয়াৰ কাৰণে আপোনাক কিমান দিব লাগিব ? | Well, how much will you charge for it? (ওৱেল হাওমাচ উইল ইউ চাৰ্জ ফৰ ইট ?) |
| 8. | আপোনাৰ যি ইচ্ছা দিয়ক। | Give whatever you please. (গিভ্ হোৱাটেভাৰ ইউ প্লিজ) |
| 9. | আপুনি কিমান দিব খোজে ? | How much do you want to pay? (হাও মাচ ইউ ওৱাণ্ট টু পে ?) |
| 10. | মই কেইখনমান কিতাপ কিনাৰ কাৰণে পইচা কম পৰি গৈছিল। | I bought some books and ran short of money. (আই বট চাম বুকচ এণ্ড ৰেন চৰ্ট অফ মানি) |

| | | |
|---|---|---|
| 11. | তুমি নিশ্চিতনে বেচি পইচা দিয়া নাই ? | Are you sure you have not paid much?<br>(আৰ ইউ চিওৰ ইউ হেভ নট পেইড মাচ ?) |
| 12. | সি মোক ৫০ পইচা কম দিছে। | He gave me fifty paise short.<br>(হি গেভ মি ৫০ পইচে চৰ্ট) |
| 13. | তোমাৰ কিমান টকা কম পৰিছে ? | By how much money are you short?<br>(বায় হাওমাচ মানি আৰ ইউ চৰ্ট ?) |
| 14. | মোৰ দহ টকা কম পৰিছে। | I am short by ten rupees.<br>(আইএম চৰ্ট বাই টেন ৰুপীজ) |
| 15. | মানুহ বিদেশী বস্তুৰ কাৰণে পগলা। | People are crazy after foreign things. (পিপল আৰ ক্রেজি আফটাৰ ফৰেন থিঙচ্) |
| 16. | সকলো ঘড়ী লগে লগে বিক্রী হৈ গ'ল। | All the watches found a ready sale. (অল দি ৱাচেচ ফাউণ্ড এ ৰেডি চেল) |
| 17. | এই ঘৰটো বেচিবৰ কাৰণে। | This house is for sale.<br>(দিচ হাউচ ইজ ফৰ চে'ল) |
| 18. | এই মালৰ কোনো বিক্রী নাই। | There is no sale for these goods.<br>(দেয়াৰ ইজ ন' চে'ল ফৰ দিচ গুডচ) |
| 19. | আলু সস্তাত বিক্রী হৈছে। | Potato is selling cheap.<br>(পটেটো চেলিং চিপ) |
| 20. | যোৱাৰ সময়ত দোকানত সোমাই যাবা। | Call at the grocer's on the way.<br>(কল এট দি গ্ৰচাৰ'চ অন দি ৱে) |
| 21. | এই খিনি ভেজাল গাখীৰ। | This is adulterated milk.<br>(দিচ ইজ এডালটাৰেটেড মিল্ক) |
| 22. | মই ধাৰত বস্তু নিকিনোঁ। | I do not buy things on credit.<br>(আইডু নট বাই থিংচ অন ক্রেডিট) |
| 23. | এই জোতাযোৰ মোৰ ভৰিলৈ টান। | This pair of shoes fits me tight.<br>(দিচ পেয়াৰ অফ চুজ ফিট্চ মি টাইট) |
| 24. | পঞ্চাশ টকাত এই টি চেট টো সস্তা। | This tea set is cheap for fifty rupees.<br>(দিচ টি চেট ইজ চিপ ফৰ ফিফটি ৰুপিজ) |
| 25. | উচিত দাম লওক। | Charge a reasonable rate.<br>(চাৰ্জ এ ৰিজনেবল ৰেট) |

| | |
|---|---|
| 26. আমি খুচুৰা কাপোৰ বিক্ৰী নকৰোঁ। | We do not sale cloth in retail. (উই ডু নট চে'ল ক্লথ ইন ৰিটে'ল) |
| 27. এই নোটখন ফটা। | This note is torn. (দিচ নোট ইজ টৰ্ন) |
| 28. এইখন লওক, এইখন একেবাৰে নতুন।- | Take this, its brand new. (টেক দিচ, ইটচ্ ব্ৰেণ্ড নিউ) |
| 29. এই জোতাপাতৰ আগটোত ভৰিটো বিন্ধে | This shoe pinches me at front. (দিচ চু পিনচেচ্ মি এট ফ্ৰন্ট) |
| 30. এই তৰমুজ বোৰ গেলা। | These melons are rotten. (দিজ মেলনচ্ আৰ ৰটেন) |
| 31. মোক কিছুমান সতেজ বস্তু দেখুৱাওক। | Show me some fresh stuff. (চ' মি চাম ফ্ৰে'চ ষ্টাফ) |
| 32. আমি ভ্ৰমণকাৰীৰ চে'ক গ্ৰহণ কৰো। | We accept traveler cheques. (উই একচেপ্ট ট্ৰেভেলাৰ্চ চেক) |
| 33. ইয়াৰ পৰা বজাৰলৈ কিমান দূৰ? | How far is the market from here? (হাও ফাৰ ইজ দি মাৰ্কেট ফ্ৰম হিয়াৰ?) |
| 34. তালৈ অলপ দূৰনেকি? | It is quite far? (ইট ইজ কোৱাইট ফাৰ?) |
| 35. ৰিক্সা এখন লওঁ আহা। | Let us hire a rickshaw. (লেট আচ হায়াৰ এ ৰিক্সা) |
| 36. বজাৰৰ পৰা অলপ মিঠাই আৰু নিমখীয়া বস্তুও আনা। | Bring some sweets from the market and yes, some salted things too. (ব্ৰিং চাম চুইটচ ফ্ৰম দি মাৰ্কেট এণ্ড ইয়েচ, চাম চল্টেড থিং) |

# 23

# ল'ৰাকাল, যুব আৰু বৃদ্ধাৱস্থা

## CHILDHOOD, YOUTH AND OLD AGE

## (চাইল্ডহুড, ইয়ুথ আৰু অ'ল্ড এজ)

| | | |
|---|---|---|
| 1. | আপোনাৰ বয়স কিমান? | What's your age?<br>(হোৱাট্চ ইয়ৰ এজ?) |
| 2. | মোৰ বয়স ত্ৰিশ বছৰ। | I am thirty years old.<br>(আই এম থাৰ্টি ইয়াৰ্চ অ'ল্ড) |
| 3. | আমাৰ দুজনৰ একে বয়স। | We both are of the same age.<br>(উই বোথ আৰ অফ দি চে'ম এজ) |
| 4. | নিশাৰ কম বয়সতে বিয়া হ'ল। | Nisha got married in young age.<br>(নিশা গটি মেৰিড ইন ইয়ং এজ) |
| 5. | লৰা কাল জীৱনৰ সোণালী যুগ। | Childhood is the golden period of life.<br>(চাইল্ডহুড ইজ্ দি গ'লডেন পিৰিয়ড অফ লাইফ) |
| 6. | ল'ৰাকালৰ কথা মোৰ এতিয়াও মনত আছে। | I still remember the things of childhood.<br>(আই ষ্টীল ৰিমেম্বাৰ দি থিংচ অফ চাইল্ডহুড) |
| 7. | তেতিয়া শ্যাম বৰ সৰু আছিল। | Then Shyam was very young.<br>(দে'ন শ্যাম ওৱাজ ভেৰি ইয়ং) |
| 8. | মই তাক ল'ৰা কালৰে পৰা চিনি পাওঁ। | I know him since childhood.<br>(আই ন' হিম চিন্স চাইল্ডহুড) |
| 9. | নীলম লৰা কালত কি দুস্ট যে নাছিল। | How naughty was Neelam in Childhood.<br>(হাও নটি ওৱাজ নীলম ইন চাইল্ডহুড) |
| 10. | ল'ৰাকাল কিবা পাহৰিবৰ কথা নেকী? | Is the Childhood a thing to be ever forgotten?<br>(ইজ দি চাইল্ডহুড এ থিং টু ব এভাৰ ফৰগটেন?) |
| 11. | তেওঁ এতিয়াও বৰলা। | He is still a bachelor.<br>(হি ইজ ষ্টীল এ বেচেলৰ) |

12. তেওঁৰ এতিয়া বয়স হৈছে। He has now come of age.
(হি হেজ নাও কাম অফ এজ)

13. যুৱ অৱস্থা জীৱনৰ বসন্তকাল। Youth is the spring of life.
(ইয়ুথ ইজ দি স্প্ৰিং অফ লাইফ)

14. তেওঁ কুৰি বছৰীয়া যুৱতী। She is a young lady of twenty.
(চি ইজ এ ইয়ং লেডী অব টুৱেন্টি)

15. দেশৰ আশা যুৱক সম্প্ৰদায়ৰ ওপৰত নিৰ্ভৰশীল। The country's hopes rests on the young generation.
(দি কন্ট্ৰিজ হ'প ৰেস্টচ অন দি ইয়ং জেনেৰেচন)

16. তেওঁক বয়সতকৈ কম দেখায়। He looks younger than his age.
(হি লুকচ ইয়ংগাৰ দেন হিজ এজ)

17. যুৱ অৱস্থা গান আৰু হাঁহিৰে ভৰপুৰ। Youth is full of song and laughter:
(ইয়ুথ ইজ ফুল অফ চং এণ্ড লাফটাৰ)

18. যুৱক হোৱা স্বৰ্গত থকাৰ সমান। To be young is to be in heaven.
(টু বী ইয়ং ইজ টু বী ইন হেভেন)

19. তেওঁ বৰ লৰালৰিকৈ বুঢ়া হৈ গৈছে। He is aging fast.
(হি ইজ এজিং ফাস্ট)

20. তেওঁ আয়ুৰ শেষ প্ৰান্তত। His days are numbered.
(হিজ ডে'জ আৰ নাম্বাৰড্)

21. যৌৱনে কোনো নীতি নামানে। Youth knows no reason.
(ইয়ুথ ন'জ ন' ৰিজন)

22. তেওঁৰ ভৰ যৌৱনত মৃত্যু হৈছিল। He died in the prime of Youth.
(হি ডাইড ইন দি প্ৰাইম অব হিজ ইয়ুথ)

23. তেওঁৰ এতিয়া পৰি যোৱা যৌৱন। He is in his declining youth.
(হি ইজ ইন হিজ ডিক্লাইনিং ইয়ুথ)

24. বহুদিনীয়া ৰোগে তেওঁক বুঢ়া কৰি পেলাইছে। Long illness has made him/her old. (লং ইলনেচ হেজ মেড হিম হাৰ অ'ল্ড)

25. বৃদ্ধ কাল অভিশাপ নহয়। Old age is not a curse
(অ'ল্ড এজ ইন নট এ কাৰ্চ)

26. সময়ে সকলোৰে ওপৰত তাৰ পদচিহ্ন ৰাখি যায়। Time leaves its foot print on all.
(টাইম লিভ্চ ইট্চ ফুট প্ৰিন্ট অন অল)

27. বৃদ্ধকাল ভয়ৰ কথানে ? — Is Old age a thing to be afraid of? (ইজ অ'ল্ড এজ এ থিং টু বি এফ্রেড অফ)

28. বুঢ়ামানুহক দেখ ভাল কৰাটো আমাৰ কৰ্তব্য। — Care of the old is our duty. (কেয়াৰ অফ দি অ'ল্ড ইজ আৱাৰ ডিউটি)

29. বুঢ়াঅৱস্থা অনুভৱেৰে ভৰা থাকিব। — Old age is full of experiences. (অ'ল্ড এজ ইজ ফুল অফ এক্সপিৰিয়েন্স)

30. বুঢ়াসকল দেশৰ জ্যেষ্ঠ নাগৰিক — Old people are senior citizens of the country. (অ'ল্ড পিপল আৰ চিনিয়ৰ চিটিজেনচ অফ দি কাণ্ট্ৰি)

31. বুঢ়া বয়সত চুলি পকে আৰু সৰে। — Hair turns white and fall in old age. (হেয়াৰ টাৰ্নচ হোৱাইট এ্যাণ্ড ফল ইন ওল্ড এজ)

32. তেওঁ চুলিত কলপ দিয়ে। — He dyes his hair. (হি ডাইজ হিজ হেয়াৰ)

33. আপুনি কি কলপ ব্যৱহাৰ কৰে। — Which hair-dye do you use? (হুইচ হেয়াৰ ডাই ডু ইউ ইউজ ?)

# 24

# আহাৰ আৰু সাজ-পোছাক

## DRESS AND FOOD (ফুড এণ্ড ড্ৰেচ)

1. মই সাধাৰণ সাজ-পোছাক ভালপাওঁ। — I like simple dress. (আই লাইক চিম্পল ড্ৰেচ)

2. তুমি ভালকৈ সাজ পাৰ কৰিব নাজানা। — You don't know how to dress well. (ইউ ডউন্ট ন' হাও টু ড্ৰেচ ওৱেল)

3. এই পোছাকমোৰত তোমাক খুব ফিটফাট লাগিছে। — You look very smart in this dress. (ইউ লুক ভেৰি স্মাৰ্ট ইন দিছ ড্ৰেচ)

4. সেই ছাত্ৰজনে স্কুলৰ নিৰ্দিষ্ট পোছাক পিন্ধা নাছিল। — That student was not in uniform. (দেট ষ্টুডেন্ট ওৱাজ নট ইন ইউনিফৰ্ম )

| | | |
|---|---|---|
| 5. | মই চিলোৱা পোছাক কিনিলোঁ। | I have bought ready-made garments. (আই হেভ বট ৰেডিমেড গাৰ্মেণ্টচ) |
| 6. | বিদেশতো শাড়ী বৰ জনপ্ৰিয়। | Sari is popular in foreign also. (শাড়ী ইজ পপুলাৰ ইন ফৰেন অলচ) |
| 7. | সি পাঠানৰ ভেশচন কৰি পলাইছিল। | He escaped in the guise of Pathan. (হি এচকেপড ইন দি গাইজ অফ এ পাঠান) |
| 8. | তেওঁ চকুত লগা পোছাক ভালপায়। | He is fond of fashionable clotnes. (হি ইজ ফণ্ড ফেচনেবল ক্লথ্‌ছ) |
| 9. | মই জাকজমকতা আৰু প্ৰদৰ্শন বিশ্বাস নকৰোঁ। | I don't believe in pomp and show. (আই ডন্ট বিলিভ ইন পম্প এণ্ড চ') |
| 10. | পাটৰ কাপোৰ বেচি দিন যায়। | Silken cloth wears long. (চিল্কেন ক্লথ লাস্ট লং) |
| 11. | পাটৰ শাড়ীখন ক'ৰ পৰা কিনিলে? | Where did you buy this pure silk sari? (হ্বেৰ ডিড ইউ বাই দিচ পিওৰ চিল্ক শাড়ী?) |
| 12. | ফেচন আহে আৰু যায়। | Fashions come and go. (ফেচনচ কাম এণ্ড গ') |
| 13. | এই কামিজটো গাত লিপিট বহি থাকে। | This shirt is tight fit. (দিচ চাৰ্ট ইজ টাইপ ফিট) |
| 14. | গৰমৰ দিনত ঢিলা পোছাক ভাল। | Loose dresses are good in summer. (লুজ ড্ৰেচেচ আৰ গুড ইন চামাৰ) |
| 15. | এই কাপোৰখন বেচি দিন যাব। | This cloth will last long. (দিচ ক্লথ উইল লাস্ট লং) |
| 16. | তেওঁলোকৰ জীৱনৰ যাপনৰ মান উন্নত। | Their standard of living is good. (দেয়াৰ ষ্টেণ্ডাৰ্ড অফ লিভিং ইজ হাই) |
| 17. | তেওঁলোকৰ লগত আমাৰ সামাজিক সম্পৰ্ক নাই। | We have no social relationship with them. (উই হেভ ন' চোচিয়েল ৰিলেশ্বনচিপ উইথ দেম) |

| | | |
|---|---|---|
| 18. | গাখীৰ ফাটিল। | The milk has turned sour. (দি মিল্ক হেজ টাৰ্নড চ'ৰ) |
| 19. | এটা কনীৰ আমলেট বনোৱা। | Make omelet of an egg. (মেক এন আমলেট অফ এন এ'গ) |
| 20. | একাপ চাহ দিয়া। | Give a cup of tea. (গিভ এ কপা অফ টি) |
| 21. | মই চাহতকৈ গাখীৰ ভাল পাওঁ। | I prefer milk to tea. (আই প্ৰেফাৰ মিল্ক টু টি) |
| 22. | চাহ এবিধ জন প্ৰিয় পানীয়। | Tea is a popular drink. (টি ইজ এ পপুলাৰ ড্ৰিংক) |
| 23. | চব্জী বেচি সেউজীয়া খাওক। | Eat more green vegetables. (ইট ম'ৰ গ্ৰীণ ভেজিটেবলচ) |
| 24. | গাখীৰ এবিধ পূৰা খাদ্য। | Milk is a perfect food. (মিল্ক ইজ এ পাৰ্ফেক্ট ফুড) |
| 25. | কম খাবা কিন্তু বেচি চোবাবা। | Eat less but munch well. (ইট লে'চ বাট মাঞ্চ ওৱেল) |
| 26. | বাহি আহাৰ নাখাবা। | Don't eat stale food. (ডউন্ট ইট ষ্টে'ল ফুড) |
| 27. | ৰুটিত ঘিউ সানি খাবা। | Spread ghee on bread. (স্প্ৰেড ঘি অন ব্ৰে'ড) |
| 28. | ফ্ৰুট চালাদ বনামনেকি ? | Should I prepare fruit salad? (চুদ আই প্ৰিপেয়াৰ ফ্ৰুট চালাড ?) |
| 29. | স্লাইচৰ ওপৰত মাখন সানা। | Butter the slice. (বটাৰ দি স্লাইচ) |
| 30. | আপোনাৰ ভাত বাঢ়ি দিয়া হৈছে। | Your lunch has been laid. (ইয়ৰ লাঞ্চ হেজ বীন লে'ড) |
| 31. | মোৰ বৰ ভোক লাগিছে। | I am awfully hungry. (আই এম অ'ফুলি হাংৰি) |
| 32. | আপুনি দুপৰীয়া আহাৰ কেতিয়া খায় ? | When do you take your lunch? (হেৱেন ডু ইউ টেক ইয়ৰ লাঞ্চ ?) |
| 33. | আপোনাৰ ভিটামিনৰ প্ৰয়োজন। | You need vitamins. (ইউ নীদ ভিটামিনচ) |
| 34. | মই আজি নিমন্ত্ৰণ খাবলৈ যাব লাগিব। | I have to attend a banquet today. (আই হেভ টু এটেণ্ড এ বেংকুয়েট টু ডে) |

# 25

# লেনদেন আৰু ব্যৱসায়

## DEALINGS AND OCCUPATIONS

(ডীলিংচ এণ্ড অকুপেশ্বনচ)

| | |
|---|---|
| 1. আপুনি কি কৰে ? | What's your occupation? (হোৱাট্চ্ ইয়ৰ অকুপেশ্বন ?) |
| 2. এইটো মোৰ উপযুক্ত ব্যৱসায়। | It is a fit occupation for me. (ইউ ইজ মাই ফিট অকুপেশ্বন) |
| 3. চলিম লেনদেনত সং নহয়। | Salim is not fair in his dealings. (কৰিম ইজ নট ফেয়াৰ ইন হিজ ডিলিঙচ্) |
| 4. আপোনাৰ সুতৰ হাৰ বেচি। | Your rate of interest is high. (ইয়ৰ ৰেট অফ ইন্টাৰেস্ট ই হাই) |
| 5. কাউণ্টাৰত কোনো নাই। | There was nobody on the counter. (দেয়াৰ ইজ ন'বডি অন দি কাউণ্টাৰ) |
| 6. তেওঁ ব্যৱসায়ত দৰ্জ্জি। | He is tailor by profession. (হি ইজ এ টেইলৰ বাই প্ৰফেচন) |
| 7. মোক এটকাৰ খুচুৰা দিয়ক। | Give me change for a rupee . (গিভ মি চেঞ্জ ফৰ এ ৰূপী) |
| 8. তুমি অচল মুদ্ৰাটো কেনেকৈ চলালা ? | How did you pass off the base coin? (হাও ডিড ইউ পাচ অফ দি বে'চ কইন ?) |
| 9. সি এখন জাল নোট দিছিল। | He was giving a counterfeited note. (হি ওৱাজ গিভিং এ কাউণ্টাৰ ফিটেড নোট) |
| 10. এইখন জাল দলিল। | It is a forged document. (ইট ইজ এ ফৰ্জড ডকুমেণ্ট) |
| 11. মই দামদৰ কৰা পছন্দ নকৰোঁ। | I do not believe in haggling. (আই ডু নট বিলিভ ইন হেগলিং) |
| 12. আজিকালি সোণৰ দাম কিমান ? | What is the rate of gold these days? (হোৱাট ইজ দি ৰেট অফ গ'ল্ড দিজ ডেইজ ?) |

| | |
|---|---|
| 13. কাউণ্টাৰ এৰাৰ আগতে টকা ঠিকমতে গণনা কৰি ল'ব। | Count your money carefully before you leave the counter. (কাউণ্ট ইয়ৰ মানি কেয়াৰফুলি বিফ'ৰ ইউ লিভ দি কাউণ্টাৰ) |
| 14. এবাৰ বিক্ৰী কৰা মাল ঘূৰাই লোৱা নহয়। | Goods once sold will not be taken back. (গুডচ্ ওৱান্স চ'ল্ড উইল নট বি টেকন্ বেক) |
| 15. আজিকালি বজাৰ বেয়া। | The market is dull now-a-days. (দি মাৰ্কেট ইজ ডাল নাও এ ডেজস) |
| 16. আপুনি মোক কিমান ধাৰ দিব পাৰিব ? | How much money can you lend me? (হাও মাচ মানি কেন ইউ লেণ্ড মি ?) |
| 17. দ্বিধা বোধ নকৰি ইয়াত টকা খটুৱাওক। | Invest money in this without any hesitation. (ইনভেস্ট মানি ইন দিচ উইদাউট হেচিটেচন ) |
| 18. আৰু একো নালাগে বিলখন আনক। | That's all, bring the bill. (দেট্চ্ অল ব্ৰিং দি বিল) |
| 19. তেওঁ কিমান টকা আগধন দিছে ? | How much money has he paid as advance? (হাও মাচ মানি হেজ হি পেইড এজ এডভান্স ?) |
| 20. নিয়োগ কৰাৰ আগত দৰ্মহা ঠিক কৰি লওক। | Settle the wages before you engage. (চেটল দি ওৱেজেচ বিফ'ৰ ইউ এংগেজ) |
| 21. তেওঁলোক ব্যৱসায়ত দালাল। | They are broker by profession. (দে আৰ ব্ৰকাৰ বাই প্ৰফেচন) |
| 22. আজিয়েই এই চেক খন ভঙাওক। | Get this cheque encashed today. (গেট দীচ চেক এনকেচড টুডে) |
| 23. এইয়া কিমান ? | How much is this? (হাউ মাচ ইচ দিচ ?) |
| 24. অনেক দামদৰ কৰাৰ পিচত দাম স্হিৰ হল। | After much haggling the bargain was struck. (আফটাৰ মাচ হেগলিং বাৰ্গেন ওৱাজ স্ট্ৰাক) |
| 25. সোণ হ'ল সেই ধূলি যি সকলোকে অন্ধ কৰে। | Gold is dust that blinds all eyes. (গ'ল্ড ইজ ডেট ডাস্ট ব্লাইণ্ডচ অল) |

| | |
|---|---|
| 26. আপুনি চাকৰি কৰেনে ব্যৱসায় ? | Are you in business or in service? (আৰ ইউ ইন বিজিনেচ অৰ চাৰ্ভিচ ?) |
| 27. মহেশে আমদানী আৰু ৰপ্তানিৰ ব্যৱসায় কৰে। | Mahesh is in export-import business. (মহেশ ইজ ইন এক্সপৰ্ট-ইমপৰ্ট বিজিনেচ) |
| 28. তেওঁ ষ্টেচনাৰী দোকান চলায়। | He runs a stationery shop (হি ৰানচ এ ষ্টেচনৰী চপ) |
| 29. আপোনাৰ ব্যৱসায় কেনে চলিছে ? | How are you getting on your business? (হাও আৰ ইউ গেটিং অন ইয়ৰ বিজিনেচ ?) |
| 30. দাম বাঢ়ি গৈছে। | Prices are going up. (প্ৰাইচেছ আৰ গইং আপ) |
| 31. তেওঁলোকে পাইকাৰী ব্যৱসায় কৰে | They are wholesaler. (দে আৰ হ'লচেলাৰ) |
| 32. পাইকাৰী বজাৰ কিমান দূৰত ? | How far is wholesale-market? (হাও ফাৰ ইজ হ'লচেল মাৰ্কেট ?) |
| 33. আপুনি ইয়াক বাবে কিমান দিলে ? | How much did you pay for it? (হাও মাচ ডিড য়ু পে ফৰ ইট ?) |
| 34. তেওঁ শতকৰা দহ এৰি দিয়ে। | He gives ten percent rebate. (হি গিভচ টেন পাৰ্চেন্ট ৰিবেট) |
| 35. মই চেয়াৰত টকা লগাইছো। | I am investing money in shares. (আই এম ইনভেষ্টিং মানি ইন শ্বেয়াৰ) |

# 26
# অনুভূতি আৰু আবেগ
## FEELINGS AND EMOTIONS
(ফীলিংচ এণ্ড ইম'শ্বনচ)

| | |
|---|---|
| 1. তুমি খং কৰা কিয় ? | Why do you give vent to anger? (হোৱাই ডু ইউ গিভ ভেন্ট টু এঙ্গাৰ ?) |
| 2. সিমোক খং তোলাইছিল। | He made me angry. (হি মেড মি এংগৰী) |
| 3. সেই সময়ত সি তাৰ খং হজম কৰিছিল। | He bottled up his anger at that time. (হি বটলড্ আপ হিজ এংগা এট দেট টাইম) |
| 4. তোমাৰ গৃহিনী বৰ খঙাল। | Your wife is very hot tempered. (ইয়ৰ ওৱাইফ ইজ ভেৰি হট টেম্পাৰড) |
| 5. সি এজন চতুৰ মানুহ। | He is a cunning fellow. (হি ইজ এ কানিং ফেল') |
| 6. মই তোমাৰ সকলো দুস্কৰ্মৰ কথা জানো। | I know all your misdeeds. (আই নউ আল ইয়ৰ মিচডিডচ) |
| 7. তেওঁ বৰ মৰমীয়াল মহিলা। | She is an affectionate lady. (চি ইজ এন এফেকচনেট লেডী) |
| 8. বোপাই, তই যুগ যুগ ধৰি জীয়াই থাক! | May you live long my son. (মে ইউ লিভ লং মাই চান) |
| 9. আপোনাৰ স্নেহেই মোৰ প্ৰেৰণা। | Your affection is my inspiration. (ইয়ৰ এফেকশ্বন ইজ মাই ইনসপিৰেশ্বন) |
| 10. সৰু কথাটো লৈ ইমান কাজিয়া। | So much quarrel on a trifle. (চ' মাচ কোৱাৰেল অন এ ট্ৰাইফল) |
| 11. হাই-কাজিয়া আৰু চিঞৰ বাখৰ কৰি লাভ কি ? | What's the use of wrangling? (হোৱাট ই দি ইউচ অফ্ ৰেংলিং ?) |
| 12. বাধ্য হৈ সি আহিছে। | He had to come willy-nilly (হি হেড টু কাম উইলি নিলি) |
| 13. সি কি কাৰণত কাজিয়া কৰিছিল ? | What did he quarrel over? (হোৱাট ডিড হি কোৱাৰে অভাৰ ?) |

| | |
|---|---|
| 14. তুমি কাজিয়াত নিজকে কিয় মেৰ খুৱালো ? | Why did you involve yourself in quarrel? (হোৱাই ডিড ইউ ইনভল্ভ ইয়ৰচেল্ফ ইন কোৱাৰেল ?) |
| 15. একমাত্ৰ দেউতাইহে কাজিয়া খন ভাঙিব পাৰে। | Only father can make up the quarrel. (অনলি ফাডাৰ কেন মেক আপ দি কোৱাৰেল) |
| 16. নিচিমে তাইৰ মেজাজ নষ্ট কৰিছিল। | Nisim lost her temper. (নিসিম লস্ট হাৰ টেম্পাৰ) |
| 17. তুমি মোক জ্বালাতন কৰিছা। | You have pestered me. (ইউ হেভ পেস্টাৰ্ড মি) |
| 18. মই ক্ষমা বিচাৰো। | I apologise. (আই এপোলোজাইজ) |
| 19. অনুগ্ৰহ কৰি মোক ক্ষমা কৰিব। | Please, excuse me. (প্লিজ এক্সকিউজ মি) |
| 20. আপোনাক বিব্ৰত কৰাৰ বাবে দুঃখিত। | I'm sorry to have troubled you. (আই এম চৰি টু হেভ ট্ৰাবলড্ ইউ) |
| 21. ভুলৰ কাৰণে এইটো হ'ল। | It was done inadvertantly. (ইট ওৱাজ ডান ইন এডভাৰ্টেন্টলি) |
| 22. মই এইটো ধেমালিকৈ কৈছিলোঁ। | I had said it in joke. (আই হেড চে'ড ইট ইন জোক) |
| 23. কোনো বয়সীয়া মানুহৰ পৰা পৰামৰ্শ লোৱা। | Take counsel of some elderly person. (টেক কাউনচেল অফ চাম এল্ডাৰ্লি পাৰচন) |
| 24. মই আপোনাৰ পৰামৰ্শ বিচাৰো। | I need your advice. (আই নীড ইয়ৰ এডভাইচ) |
| 25. তেওঁ মোৰো পৰামৰ্শদাতা। | He is also my adviser. (হি ইজ অলচ' মাই এডভাইজাৰ) |
| 26. কোনো অভিজ্ঞ ডাক্তৰৰ পৰামৰ্শ লোৱা। | Consult some expert doctor. (কনচাল্ট চাম এক্সপাৰ্ট ডক্তৰ) |
| 27. তুমি কিহৰ কাৰণে চিন্তিত ? | What are you worried about (হোৱাট আৰ ইউ ওৰিড এবাউট ? |
| 28. ইয়াত ভয়ৰ কি আছে ? | What's to be feared in this? (হোৱাট 'চ টু বি ফিয়াৰ্ড ইন দিচ ?) |
| 29. তেওঁ মোৰ অনুমতি লৈ এইটো কৰিছে। | He did it with my consent. (হি ডিড ইট উইথ মাই কনচেন্ট) |

30. মৌনতা সমতিৰ লক্ষণ। Silence shows consent. (চাইলেন্স চউজ কনচেন্ট)

31. মোৰ মতে সি দোষী। In my opinion he is a culprit. (ইন মাই অপিনিয়ন হি ইজ এ কালপ্রিট)

32. চিন্তাৰ কোনো কাৰণ নাই। There is nothing to worry about. (দেয়াৰ ইজ নাৰ্থিং টু ওৰৰি এবাউট)

# 27

# প্ৰেম আৰু বিবাহ

## LOVE AND MARRIAGE (লাভ এণ্ড মেৰেজ)

1. প্ৰেমেই জীৱন। Love is life. (লাভ ইজ লাইফ)
2. এইটো স্বাভাৱিকো। It is natural also. (ইট ইজ নেচাৰেল অলচ')
3. প্ৰেমৰ অনেক ৰূপ আছে। Love has many forms. (লাভ হেজ মেনি ফৰ্মচ)
4. দেশ-প্ৰেম ইয়াৰ ভিতৰত এটা। Patriotism is one of them. (পেট্ৰিৱতিজম ইজ ওৱান অব দে'ম)
5. মই তেওঁৰ প্ৰেমত পৰিছিলোঁ। I fell in love with him. (আই ফে'ল ইন লাভ উইথ হিম)
6. তেওঁলোকে প্ৰেমত পৰি বিয়া কৰিছিল। There's was love-marriage. (দেয়াৰ্চ ওৱাজ এ লাভ মেৰেজ)
7. এইটো প্ৰেম নহয়, বাসনা। It is lust, not love. (ইট ইজ লাস্ট নট লাভ)
8. কাহিনীত প্ৰেমিকে প্ৰেমিকাক লৈ পলায়। The lover elopes with the beloved in the story. (দি লাভাৰ এলোপচ্ উথি দি বিলভেড্ ইন দি ষ্টৰি)
9. দিনাকৰ এজন হতাশ প্ৰেমিক। Dinakar is a dejected lover. (দিনক ইজ এ ডিজেক্ট লাভাৰ)
10. কি সজীৱ প্ৰেমিক তেওঁ আছিল। What a youthful lover he was. (হোৱাট এ ইয়ুথফুল লাভাৰ হি ওৱাজ)
11. অসাৰ প্ৰেমিকক কোনে বিশ্বাস কৰিব পাৰে? Who can trust frivolous lovers? (হু কেন ট্ৰাষ্ট ফ্ৰিভলাচ লাভাৰ?)

| | |
|---|---|
| 12. এই ধৰণৰ প্ৰেম বেছিদিন স্থায়ী নহয়। | Such love as this does not last long. (চাচ লাভ এজ দিচ ডাচ নট লাস্ট লং) |
| 13. সঁচাকৈয়ে কোৱা হয় যে প্ৰেমেই ঈশ্বৰ। | It is truly said that love is god. (ইট ইজ ট্ৰুলি চেড দেট লাভ ইজ গড) |
| 14. কিমানদিনৰ পৰা তুমি তেওঁক ভালপোৱা ? | How long have you been in love with her? (হাও লং হেভ ইউ বীন ইন লাভ উইথ হাৰ ?) |
| 15. প্ৰেম অন্ধ। | Love is blind. (লাভ ইজ ব্লাইণ্ড) |
| 16. প্ৰেম আৰু যুদ্ধত সকলো ন্যায্য। | Everything is fair in love and war. (এভ্ৰি থিং ইজ ফেয়াৰ ইন লাভ এণ্ড ওৱাৰ) |
| 17. তেওঁ তাইৰ কাৰণে পগলা। | He is crazy after her. (হি ইজ ক্ৰেজি আফটাৰ হাৰ) |
| 18. প্ৰেম পাগলিনী মীৰাক কোনে নাজানে ? | Who does not know love-mad Meera? (হু ডাজ নট ন' লাভ-মেড মীৰা ?) |
| 19. কামনা প্ৰেমৰ শত্ৰু। | Lust is an enemy of love. (লাস্ট ইজ এন এনিমি অব লাভ) |
| 20. প্ৰেমৰ পথ হ'ল ত্যাগ আৰু বলিদানৰ। | The path of love is of giving and sacrifice. (দি পাথ অফ লাভ ই অফ গিভিং এণ্ড চেক্ৰিফাইচ) |
| 21. প্ৰেম কৰা মানে ব্যৰ্থতাত বেদনা পোৱা। | To love is to writhe with pain. (দি লাভ ইজ টু-ৰিদ উইথ পেইন) |
| 22. সম্বন্ধ স্হিৰ কৰি তেওঁলোকৰ বিয়া হৈছিল। | Their marriage was arranged one. (দেয়াৰ মেৰেজ ওৱাজ এৰেঞ্জড্ ওৱান) |
| 23. বিবাহ এটা সামাজিক প্ৰথা। | Marriage is a social custom. (মেৰেজ ইজ এ চোচিয়েল কাস্টম) |
| 24. প্ৰেম আৰু বিবাহ দুটা ভিন্ন বস্তু। | Love and marriage are two different things. (লাভ এণ্ড মেৰেজ আৰ টু ডিফাৰেন্ট থিংচ) |
| 26. এইটো আৱশ্যক নহয় যে প্ৰেম বিবাহত শেষ হ'ব লাগিব। | It is not necessary that love should end in marriage. (ইট ইজ নেচেচাৰী দেট লাভ চুদ এ ইন মেৰেজ) |

| | |
|---|---|
| 27. বাল্য বিবাহ এটা অপৰাধ। | Child-marriage is a crime.<br>(চাইল্ড মেৰেজ ইজ এ ক্ৰাইম) |
| 28. যৌতুক লোৱা এটা সামাজিক অভিশাপ। | Dowry is a social evil.<br>(ডাউৰি ইজ এ চোচিয়েল কাৰ্চ) |
| 29. সেইখন এখন অসমান বিবাহ আছিল। | That was an unequal marriage.<br>(দেট অৱাজ এন আনইকুৱেল মেৰেজ) |
| 30. তেওঁৰ বিয়া স্থগিত হল।- | His marriage has been postponed.<br>(হিজ মেৰেজ হেজ বিন পস্টপণ্ড) |
| 31. বিবাহ-বিচ্ছেদৰ মোকৰ্দমা দিনে দিনে বেচি হৈছে। | The cases of divorce are increasing day by day.<br>(দি কেচেছ অফ ডাইভৰ্চ আৰ ইনক্ৰিজিং ডে বাই ডে) |
| 32. তেওঁৰ বিবাহ বিচ্ছেদ হৈছে। | He is a divorcee.<br>(হি ইজ এ ডাইভৰ্চি) |

# 28

# চিকিৎসক আৰু ৰোগী

## THE DOCTOR AND THE PATIENT

## (ডি ডক্টৰ এণ্ড দি পেচেন্ট)

| | |
|---|---|
| ৰোগী–নমস্কাৰ, ডাক্তৰ বাবু। | Good evening, doctor.<br>(গুড ইভনিং, ডক্তৰ) |
| ডাক্তৰ–নমস্কাৰ, কেনে আছে কওকচোন। | Good evening, tell me how do you do? (গুড ইভনিং, টেল মি হাও ডু ই ডু?) |
| ৰোগী–গাটো ভাল নহয় ডাক্তৰ! যোৱা কালিৰ পৰা মোৰ জ্বৰ। | I'm unwell. I have been suffering from fever since yesterday.<br>(আই এম আনৱেল। আই হেভ বিন চাফাৰিং ফ্ৰম ফিভাৰ চিস ইয়েস্টাৰডে) |
| ডাক্তৰ–অনুমান কৰিছোঁ মেলেৰিয়া। | It seems to be malaria.<br>(ইট চিমচ টু বি মেলেৰিয়া) |
| ৰোগী–হয়, মেলেৰিয়াই। মোৰ তেজ পৰীক্ষা কৰা হৈছে। | Yes, it is malaria. I got my blood checked. They have diagnosed |

| | |
|---|---|
| তেওঁলোকে মেলেৰিয়াই নিৰ্ণয় কৰিছে। | malaria. (ইয়েচ, ইট ইজ মেলেৰিয়া) ইজ মেলেৰিয়া। আই হেভ গট মাই ব্লাড চেকড। দে হেভ ডাইগনজড্ মেলেৰিয়া। |
| ডাক্তৰ–আপোনাৰ আন কিবা অসুখ আছেনে? | Do you suffer from any other ailment? (ডু ইউ চাফাৰ ফ্ৰম এনি আদাৰ এইলমেন্ট?) |
| ৰোগী–হয়, মোৰ ডিঙিত আৰু গোটেই গাত বিষ। জ্বৰ উঠাৰ আগতে কঁপনি উঠে। | Yes, I have sore throat and my whole body is aching. Before fever I feel shivering. (ইয়েচ, আই হেভ চ'ৰ থ্ৰোট এণ্ড মাই হ'ল বডি ইজ একিং। বিফৰ ফিভাৰ আই ফিল চিভাৰিং) |
| ডাক্তাৰ–কোনো ভয় নাই সকলো ঠিক হৈ যাব। নাড়ী চাবলৈ লওঁ। | Never mind. It will be all right. Let me feel the pulse. (নেভাৰ মাইণ্ড। ইট উইল বি অল ৰাইট। লেট মি ফিল দি পালচ্) |
| ৰোগী–মই গোটেই ৰাতি শুব পৰা নাই। গোটেই ৰাতি কাহো আছিল। এতিয়া এনে ঔষধ দিয়ক যাতে সোনকালে ভাল হওঁ। | I could not sleep the whole night. I kept on coughing. Give me some such medicine that I may feel early relief. (আই কুড নট শ্লিপ দি হ'ল নাইট। আই কেপ্ট অন কাফিং। গিভ মি চাম চাচ মেডিচিন দেট আই মে ফিল আৰ্লি ৰিলিফ) |
| ডাক্তাৰ–চিন্তাৰ কাৰণ নাই। এতিয়া আপোনাৰ অলপ জ্বৰ আছে। এই ঔষধটো খাব। দুদিনতে আপুনি ভাল হৈ উঠিব। | You need not worry. You have slight fever now. Take this medicine, you will be all right in two days. (ইউ নীড নট ওৱৰি। ইউ হেভ শ্লাইট ফিভাৰ নাও। টেক দিচ মেডিচিন ইউ উইল বি অল ৰাইট ইন টু ডে'জ) |
| ৰোগী–দুদিনৰ পিচত মই এটা পৰীক্ষা দিব লাগিব। সেই কাৰণে মই চিন্তিত | I have to take an examination after two days. Therefore, I'm much worried. (আই হেভ টু টেক এন এগজামিনেশ্বন আফটাৰ টু ডে'জ। দেয়াৰ ফ'ৰ, আয়ম মাচ উৱৰিদ) |

ডাক্তৰ–এই কথা? মই আপোনাক এটা ইনজেকশ্বন দিছোঁ। আপুনি আৰু সোনকালে ভাল হৈ যায়।

Well, is it so. I am giving you an injection. You will recover more quickly. (ওৱেল, ইজ ইট চ'? আই এম গিভিং ইউ এন ইনজেকশ্বন। ইউ উইল ৰিকভাৰ ম'ৰ কুইকলি)

ৰোগী–ধন্যবাদ ডাক্তৰ বাবু।

Thank you doctor! (থেংক ইউ ডাক্তৰ)

ডাক্তৰ–এতিয়া আপোনাৰ জিভা আৰু চিঙিটো দেখুৱাওক। আঁ কৰক।

Now, show me your tongue and throat. Say Aa! (নাই, শো মি ইয়ৰ টাং এণ্ড থ্ৰোট। সে 'আ')

ৰোগী–আঁ! আঁ!

Aa! Aa! (আ! আ!)

ডাক্তৰ–গলটোৰ অৱস্থা বৰ বেয়া কিন্তু চিন্তাৰ কাৰণ নাই। দিনত তিনিবাৰ ঔষধ লগাব আৰু নিমখ মিহলি কৰা গৰম পানীৰে কুলকুলি কৰিব।

The throat is very bad, but it does not matter. Apply this paint thrice daily and gargle with hot water mixed with salt. (দি থ্ৰোট ইজ ভেৰি বেড বাট ইট ডাজ নট মেটাৰ। এপ্লাই দিচ পেইন্ট থ্ৰাইচ ডেইলি এণ্ড গাৰ্গল উইথ হট ওৱাটাৰ মিক্সড উইথ চল্ট)

ৰোগী–কোনো বিধি নিষেধেনে?

Any abstinence. (এনি এব্‌চটিনেন্স?)

ডাক্তৰ–আপুনি সকলো খাব পাৰে, মাত্ৰ ভজা বস্তু নাখাব। সম্পূৰ্ণ জিৰণিৰ আৱশ্যক।

You can take every thing but avoid fried things. Complete rest is also essential. (ইউ কেন টেক এভৰিথিং বাট এভইড ফ্ৰাইড থিংচ। কমপ্লিট ৰেষ্টইজ এচেনচিয়েল)

ৰোগী–বেচ, তেনেহলে মই আকৌ কেতিয়া আহিম আৰু ঔষধ বোৰ কেনেকৈ খাম?

Well, when should I come next. And how these medicines are to be taken? (ওৱেল, হোৱেন, চুদ আই কাম নেক্সট এণ্ড হাও দিজ মেডিচিনচ আৰ টু বি টেকেন?)

ডাক্তৰ–এই মিক্‌চাৰ। এইটো কাফ চিৰাপ। তিনি ঘন্টাৰ পিচে পিচে এই বোৰ খাব।

This is mixture. This is cough syrup. Take these at every three hours. (দিচ ইজ মিকচাৰ দিচ ইজ কাফ মিক্‌চাৰ এট এভ্‌ৰি থ্ৰি আৱাৰ্চ)

ৰোগী–আপোনাক কিমান দিব লাগিব ডাক্তৰ বাবু?

How much I have to pay doctor? (হাও মাচ আই হেভ টু পে ডক্তৰ?)

| | |
|---|---|
| ডাক্তৰ–সকলো মিলাই পঁচিশ টকা। | In all twenty-five rupees. (ইন অল টুৱেন্টি ফাইভ ৰুপিজ) |
| ৰোগী–এয়া লওক। | Here it is please. (হিয়াৰ ইট ইজ প্লিজ) |
| ডাক্তৰ–ধন্যবাদ। | Thanks! (থেংকচ) |
| ৰোগী–ধন্যবাদ ডাক্তৰ বাবু। যদি প্ৰয়োজন হয় কাইলৈ সন্ধিয়া আহিম, নমস্কাৰ। | Thank you doctor. I shall come tomorrow in the evening if need be, good night. (থেংক ইভনিং ইফ নীড বি, গুড নাইট) |
| ডাক্তৰ–নমস্কাৰ। | Good night. (গুড নাইট) |

# 29
# বাপেক আৰু জীয়েক
## FATHER AND DAUGHTER (ফাদাৰ এণ্ড ডটাৰ)

| | |
|---|---|
| জীয়েক–গুড মৰ্নিং, দেউতা। | Good morning papa. (গুড মৰ্নিং, পাপা) |
| বাপেক–গুড মৰ্নিং। | Oh my child! Good morning. (গুড মৰ্নিং) |
| জীয়েক–জানা দেউতা, সাতটা বাজিল ? | Do you know it is already seven. (ডু ইউ ন', ইট ইজ অল ৰেডি চেভেন ?) |
| বাপেক–ৰাতি দেৰিকৈ শুইছিলো, ৰাতিপুৱা উঠিব নোৱাৰিলো। | I went to bed late last night Could not wake up in the morning. (আই ওৱেন্ট টু বেড লেট লাস্ট নাইট, কুদ নট ওৱেক আপ ইন দি মৰ্নিং) |
| জীয়েক–এয়া তোমাৰ চাহ। | Here is your tea. (হিয়াৰ ইজ ইয়ৰ টি) |
| বাপেক–বৰ ভাল কথা আই, কোনে বনালে ? বৰ ভাল লাগিছে। | Thank you my child. It tastes so good. Who has prepared it? (থেঙ্ক ইউ মাই চাইল্ড। ইট টেস্ট চ' গুড। হু হেজ প্ৰিপেয়াৰ্ড ইট ?) |
| জীয়েক–মাই বনাইছিল। | Mummy prepared. (মাম্মী প্ৰিপেয়াৰ্ড) |

| | |
|---|---|
| বাপেক–বাৰু, এতিয়া আজিৰ বাতৰি কাকতখন আনচোন। | Well, get me today's newspaper. (ওৱেল, গেট মি টু ডে'জ নিউজপেপাৰ) |
| জীয়েক–মই এতিয়াই আনিছোঁ। | I shall just get it. (আই চেল জাস্ট গেট ইট) |
| বাপেক–তোৰ মাৰ ক'ত? | Where is your mummy? (হুয়েৰ ইজ ইয়ৰ মাম্মি?) |
| জীয়েক–পাকঘৰ। তেওঁ ৰাতিপুৱাৰ জলপান বনাই আছে। | In the kitchen. She is cooking breakfast. (ইন দি কিচেন। চি ইজ কুকিং ব্ৰেকফাস্ট) |
| বাপেক–আজি কিবা নতুন বস্তু বনাইছে নেকি? | Is there any special dish today? (ইজ দেয়াৰ এনি স্পেচিয়েল ডিচ টু ডে?) |
| জীয়েক–অঁ দেউতা, গাজৰৰ হালুৱা। | Yes father, carrot halwa. (ইয়েচ ফাডাৰ, কেৰেট হালুৱা) |
| বাপেক–আৰু কি বনাইছে? | And what else? (এণ্ড হোৱাট এ'লচ) |
| জীয়েক–আলুৰ পৰঠা। | Paranthas stuffed with potatoes. (পৰোটাজ স্টাফড উইথ পটেটোজ) |
| বাপেক–এই দুটা বস্তু মোৰ বৰ ভাল লাগে। জিভাৰ পানী ওলাইছে। | These are my favourite dishes. My mouth has began to water. (দিজ আৰ মাই ফেভ'ৰাইট ডিচেচ। মাই মাউথ হেজ বিগেন টু ওৱাটাৰ) |
| জীয়েক–তোমাৰ পছন্দৰ কথা আমি জানো। সেই কাৰণেই আজি এইবোৰ তৈয়াৰ কৰা হৈছে। | We know your favourite dishes. That's why they are made today. (উই ন'ইয়ৰ ফেভৰাইট্চ। দেট্চ হোৱাই দে আৰ মেড টুডে) |
| বাপেক–তেন্তে মই সোনকালে গা ধুই লওঁ। | Then I shall get my bathing finished soon. (দেন আই চেল গেট মাই বাডিং ফিনিচদ্ চুন) |
| জীয়েক–কিন্তু দেউতা, এটা কথা আছে। | But papa, there is one thing. (বাট পাপা, দেয়াৰ ইজ ৱান থিং) |
| বাপেক–কি কথা মা? | what's that child? (হোৱাট্চ দেট চাইল্ড?) |

জীয়েক–তুমি যে কথা দিছিলো মনত আছে তো ? আজি যে দেওবাৰ।

Do you remember your promise? Today is Sunday.
(দ্ ইউ ৰিমেম্বাৰ ইয়ৰ প্ৰমিজ ? টু ডে ইজ চানডে)

বাপেক–কি কথা ? মোৰ তো মনত নাই।

Which promise? I don't remember.
(হুইচ্ প্ৰমিজ ? আই ডুনট ৰিমেম্বাৰ)

জীয়েক–তুমি আজি আমাক চিড়িয়া খানালৈ নিব লাগিব।

You have to take us to Zoo.
(ইউ হেভ টু টেক আচ টু দি জু)

বাপেক–অ', এতিয়া মনত পৰিছে। কিন্তু আজি যে মই বৰ ব্যস্ত।

Oh, I remember now. But today I am very busy.
(ওহ, আই ৰিমেম্বাৰ নাও। বাট টুডে আই এম ভেৰি বিজি)

জীয়েক–মই মোৰ বান্ধবীসকলক নিমন্ত্ৰণ কৰি থৈছোঁ।

I have invited my friends.
(আই হেভ ইনভাইয়েড মাই ফ্ৰেণ্ডচ)

বাপেক–তেওঁ লোক কেইটা বজাত আহিব ?

At what time will they come?
(এট হোৱাট টাইম উইল দে কাম ?)

জীয়েক–এঘাৰটা বজাত।

At about eleven O'clock.
(এট এবাউট ইলেভেন অ'ক্লক)

বাপেক–বাৰু মই এঘাৰটাৰ ভিতৰত কাম শেষ কৰিবলৈ চেষ্টা কৰিম।

all right, I shall try to finish my work by eleven. (আই চেল ট্ৰাই টু ফিনিচ মাই ওৱাৰ্ক বাই ইলেভেন)

জীয়েক–ধন্যবাদ দেউতা তুমি কিমান ভাল !

Thank you father! How nice you always have been!
(থেঙ্কক ইউ ফাদাৰ। হাও নাইচ ইউ হেভ বীন)

# 30

# মাক আৰু পুতেক

## MOTHER AND SON (মাদাৰ এণ্ড চান)

মাক–তই আহিলি মইনা ? আজি অনেক দেৰি কৰিলি।

You are back my son? Today you are very late.
(ইউ আৰ বেক মাই চান ? টুডে ইউ আৰ ভেৰি লেট)

| | |
|---|---|
| পুতেক–হয় মা, আজি মোৰ দেৰি হল। স্কুলত হকী মেচ আছিল। | Yes mother, I am late. There was a hockey match in our school today. (ইয়েচ মাদাৰ আই এম লেট। দেয়াৰ ওৱাজ এ হকী মেচ ইন দি স্কুল) |
| মাক–তই বৰ ভাগৰি পৰিছ যেন লাগিছে। | It seems you are tired. (ইট চিমচ ইউ আৰ ভেৰি টায়ার্ড) |
| পুতেক–হয় মা। মই হাতমুখ ধুবলৈ যাওঁ। তুমি ইয়াৰ ভিতৰতে চাহ বনোৱা মোৰ বৰ ভোক লাগিছে। | Yes, I am going to wash myself. Meanwhile you prepare tea. I feel very hungry. (ইয়েচ, আই এম গইং টু ওৱাচ. মাই চেল্ফ. মীন হোৱাইল. ইউ প্রিপেয়াৰ টি। আই ফিল ভেৰি হাংৰি) |
| মাক–চাহৰ লগত তই কি খাবি ? | What would you like with tea? (হোৱাট উদ ইউ লাইক উইথ টি ?) |
| পুতেক–ভোক গুচোৱা যি কোনো বস্তু। | Anything which may satisfy my hunger. (এনিথিং হুইচ মে চেটিফাই মাই হাঙ্গাৰ) |
| মাক–তই কি ভাল পাৱক। | You tell me your choice. (ইউ টেল মি ইয়ৰ চইচ) |
| পুতেক–বেচ তেন্তে পকোৰা ভজা আৰু অলপ টমেটো চেণ্ড উইচ বনোৱা। | Well, fry pakoras and prepare some tomato sandwich. (ওৱেল. ফ্রাই পকোৰা এণ্ড প্রিপেয়াৰ চাম টমেটো চেণ্ড উইচ) |
| মাক–বাৰু তেন্তে। অলপমান মিঠাইও আছে, মোহনহঁতৰ ঘৰৰ পৰা এইবোৰ আহিছে। | Okay, there is some sweet also, It has come from Mohan's. (অ'কে, দেয়াৰ ইজ চাম চুইট অলচ'। ইট হেজ কাম ফ্রম মোহনচ) |
| পুতেক–মোহনহঁতৰ তাত কি আছিল ? | What was there at Mohan's? (হোৱাট ওৱাজ দেয়াৰ এট মোহনচ ?) |
| মাক–তাৰ ককায়েকৰ আজি বাগদান হ'ল। আমাক নিমন্ত্রণ কৰিছিল কিন্তু তোক কবলৈ পাহাৰলোঁ। | His elder brother has been engaged. We were also invited but I forgot to tell you. (হিজ এলডাৰ ব্রাদাৰ হেজ বীন এনগেজড্। উই উৱেৰ অলচ' ইনভাইটেড বাত আই ফৰগট টু টেল ইউ) |

| | |
|---|---|
| মাক–বাৰু তই কাপোৰকানি সলনি কৰ। মই জলপান দিওঁ। | Well, you change your clothes. I am bringing refreshment. (ওৱেল, ইউ চেঞ্জ ইয়াৰ ক্লদিং, আই এম ব্ৰিঙ্গিঙ্গ ৰিফ্ৰেচ) |
| পুতেক–মই এতিয়া পোছাক বদলি নকৰো। টিফিন খায়েই মই যাব লাগিব। | I shall not change clothes. I have to go after breakfast. (চেল নট চেঞ্জ ক্লদ্চ। আই হেভ টু গ' আফটাৰ টিফিন) |
| মাক–কিন্তু কলৈ ? | But Where?(বাত হ্বেৰ ?) |
| পুতেক–ৰহিমতক দেখা কৰিবলৈ. | To see Rahim. (টু চি ৰহিম) |
| মাক–এতিয়াই কিয় ? | Just now what for? (জাষ্ট নাও, হোৱাই ?) |
| পুতেক–সি কেইদিন মানৰ পৰা অসুস্থ। বোধ কৰো মেলেৰিয়া হৈছে। | He has been ill for some days. Perhaps it is malaria. (হি হেজবীন ইল ফৰ চাম ডেইজ। পাৰ্হেপচ ইট ইজ মেলেৰিয়া) |
| মাক–ৰাতি খোৱাৰ সময়ত ঘূৰি আহিবিনে ? | Will you be back by dinner time? (উইল ইউ বি বেক বাই ডিনাৰ টাইম ?) |
| পুতেক–আহিম মা, মই তাৰ ভিতৰতে ঘূৰি আহিম। গিৰিশেও মোৰ লগত খাব। | Yes, I shall be back by that time. Girish will be with me. He will dine with me. (ইয়েচ, চেল বী বেক বাই দেট টাইমং। গিৰীশ উইল বি উইথ মি। হি উইল ডাইন উইথ মি) |
| মাক–তই তাক নিমন্ত্ৰণ কৰিছনেকি ? | Have you invited him? (হেভ ইউ ইনভাইটেড হিম ?) |
| পুতেক–এৰা, তাৰ মাক তেওঁৰ মাকৰ দেউতাকৰ ঘৰলৈ গৈছে। | Yes, His mother has gone to her parents. (ইয়েচ, হিজ মাদাৰ হেজ গন টু হাৰ পেৰেন্টচ) |
| মাক–তেনেহলে তাক নিশ্চয় লৈ আহিবি। লগতে ৰহিমক কবি সি যেন তুলসী পাত দিয়া চাহ খায়। সেইটো মেলেৰিয়াত উপকাৰী। | It is so, then bring him surely. Yes, tell Rahim to take basil tea. It is good in malaria. (ইট ই চ' দেন ব্ৰিং হিম চিয়ৰলি। ইয়েচ-টেল ৰহিম টু টেক বেচিল টি। ইট ইজ গুড ইন মেলেৰিয়া) |

# 31
# চিড়িয়াখানা ভ্রমণ
## A VISIT TO THE ZOO (এ ভিজিট টু দি জু)

| | |
|---|---|
| দিলীপ–তুমি কালি কলৈ গৈছিলা গোপাল ? | Where had you been yesterday Gopal? (হ্বেৰ হেড ইউ বীন ইয়েস্টাৰ ডে' গোপাল ?) |
| গোপাল–কালি ?কালি চিড়িয়াখানালৈ গৈছিলোঁ- | Yesterday? Yesterday I had been to the zoo. (ইয়েস্টাৰ ডে আই হেডবীন টু দি জু) |
| দিলীপ–অকলেই গৈছিলা নেকি ? | Did you go alone? (ডিড ইউ গ' এলন ?) |
| গোপাল–নহয় তো। অকলে কিয় যাম! দেউতা লগত আছিল আৰু ভনী লীলাও। | Not at all, Why I should have gone alone. Father was with me and Younger sister Leela was also there. (নট এট অল। হোৱাই আই চুদ গ' এলন ? ফাদাৰ ওৱাজ উইথ মি এণ্ড মাই ইয়ংগাৰ চিস্টাৰ লীলা ওৱাজ অলচ' দেয়াৰ) |
| দিলীপ–তুমি মোক কিয় নক'লা ? ময়ো যাব পাৰিলোহেঁতেন। তুমি কি এই প্ৰথমবাৰ গ'লা ? | Why did you not tell me? I could have accompanied. Did you go for the first time. (হোৱাই ডিড ইয় নট টেল মি ? আই কুড হেড একম্পেনিড। ডিড ইউ গ' ফৰ দি ফাৰ্ষ্ট টাইম ?) |
| গোপাল–এইটো তো আগৰ পৰা ঠিক কৰা নাছিল, নহ'লে তোমাক জনালো হেঁতেন। মই ইয়াৰ আগতে দুবাৰ গৈছিলোঁ। | It was not pre-planned, other wise I would have told you. I have already visited it twice. (ইট ওৱাজ নট প্ৰি-প্ৰেনড আদাৰ ওৱাইজ আই উদ হেভ টʼল্ড ইউ। আই হেভ অলৰেডি ভিজিটেড |
| দিলিপী–এবাৰতো ময়ো গৈছিলোঁ। মই বোম্বাইৰ চিড়িয়াখানা দেখিছোঁ, কিন্তু তেতিয়া মই বৰ | I too have visited once. I have seen the zoo of Bombay also, but then I was quite young. (আই টু হেভ ভিজিটেড ওৱান্চ। |

| | |
|---|---|
| সকলো আছিলো। | আই হেড চীন দি জু আফ বোম্বে অলচ বাত দেন আই ওৱাজ কোৱাইট ইয়ং) |
| গোপাল–কলিকতাৰ চিড়িয়াখানা কিমান ডাঙৰ আৰু তাত কিমান যে জন্তু আছে। | How big is Delhi's zoo and how many animals there are! (হাও বিগ ইজ কেলকেটা জু এণ্ড হাও মেনি এনিমেলচ দেয়াৰ আৰ!) |
| দিলীপ–খুব ভিৰ হৈছিল নে কি? | Was there great rush? (ওৱাজ দেয়াৰ গ্ৰেট ৰাচ?) |
| গোপাল–তাত সদায় মানুহৰ ভিৰ হয়। অনেক দূৰৰ পৰা মানুহ আহে। যোৱা কালিতো দেওবাৰ আছিল। অনেক স্কুলৰ লৰাও আহিছিল। | There is always a great rush of visitors. People come from far off places to visit. Yesterday it was Sunday. Children of several schools had come. (দেয়াৰ ইজ অলওৱেজ এ গ্ৰেট ৰাচ অফ ভিধিজটৰচ পিপল কাম ফ্ৰম অফাৰ অফ প্লেচেচ টু ভিজিট। ইয়েস্টাৰ ডে ওৱাজ চানডে চিল্ডৰেন অফ চেভাৰেল স্কুলচ হেড কাম) |
| দিলীপ–তেন্তে তো বৰ আনন্দ হৈছিল। | Then, it would have been a great enjoyment. (দেন ইট উদ হেভ বীন এ গ্ৰেট এনজয়মেন্ট।) |
| গোপাল–আনন্দ হৈছিল। আমি প্ৰৱেশ টিকট কিনি ভিতৰলৈ গৈছিলো। তাত বৰ সুন্দৰ বাগিছা আৰু পুখুৰী আছে। | Yes it is so, We purchased the entry tickets and went in. There are beautiful and big parks and lakes. (ইয়েচ, ইট ইজ চ। উই পাৰ্চেজড্ দি এণ্ট্ৰি টিকেটচ এণ্ড ওৱেন্ট ইন। দেয়াৰ আৰ বিউটিফুল বিগ পাৰ্কচ এণ্ড লেকচ) |
| দিলীপ–তাত তুমি কি কি দেখিলো? জিৰাফো আছিলনেকি? | What did you see there? was the giraffe also there? (হোৱাট ডিড ইউ চী দেয়াৰ? ওৱাজ দি জিৰাফ অলচ দেয়াৰ?) |
| গোপাল–নিশ্চয় আছিল, জিৰাফো দেখিলোঁ। কি দীঘল ডিঙি! উটত কৈও ডাঙৰ আৰু | Oh yes, we saw giraffe too, What a big neck, bigger than that of camel and beautiful! |

| | |
|---|---|
| সুন্দৰ। | (ভা' ইয়েচ. উই চ জিৰাফ টু। দেৰাট এ বিগ নেক বিগাৰ দেন দেট অফ কেমেল এণ্ড বিউটিফুল) |
| দিলীপ–তাত যিবোৰ পশু আৰু চৰাই দেখিলো সেইবোৰৰ কিছুমানৰ নাম কোৱা | Name some birds and animals which you saw there. (চাম বাৰ্ডচ এণ্ড এনিমেলচ হুইচ ইউ চ দেয়াৰ) |
| গোপাল–আমি তাৰ সকলো জন্তু চাব নোৱাৰিলোঁ কিন্তু তথাপিও বহুত দেখিলোঁ। তাৰ কাৰণ লীলা সোণকালেই ভাগৰি পৰিছিল। | We could not see the whole of it, but even then we saw much of it. The reason was that Leela got tired very soon. (উই কুড নট চি দি হ'ল অব ইট বাত ইভেন দে'ন, উই চ মাচ অব ইট ৰিজন ওৱাজ দেট ললা গট টায়াৰ্ড ভেৰি চুন) |
| দিলীপ–তুমি ৰাজহাঁহ বোৰ বোধকৰো দেখিছিলো ? | You might have seen swans? (ইউ মাইট হেভ চীপ দি চোৱানচ?) |
| গোপাল–ৰাজহাঁহ দেখিছিলো। কলা হাঁহবোৰ দেখিবলৈ ইমান ধুনীয়া! আমি আৰু অনেক চৰাই যেনে, কপৌ, পাৰ, হাঁহ, ভাটো, কুলি, বুলবুল আৰু টোকোৰা | Yes, swans also. The black swan was looking so beautiful. we saw many other birds like pigeons, ducks, parrots, cuckoos, bulbuls and sparrows. (ইয়েচ, চোৱানচ অলচ' দি ব্লেক চোৱান ওৱাজ লুকিং চ' বিউটিফুল। উই চ খেনি আদাৰ বাৰ্ডচ লাইক পিজিয়নচ ডাকস পেৰ্ষ্ঠ কুক্কুজ, বুলবুলচ এণ্ড স্পেৰোজ) |
| গোপাল–তাত বগা বাঘ, ভালুক, গঁড়, জলহস্তী, হৰিণ, বান্দৰ আদি সকলো ধৰণৰ জন্তুৰেই আছে। | There are white tigers, bears, rhinos, hippos, deer, monkeys etc. of all kind of animal. (দেয়াৰ আৰ হোৱাইট টাইগাৰচ, ৰিয়াৰ্চ, ৰাইনোজ, হিপোজ, ডিয়াৰ, মংকিজ, এইচেট্ৰা অফ অল কাইণ্ডচ এনিমেলচ) |
| দিলীপ–এদিন তালৈ যাবলৈ মোৰো ইচ্ছা আছে। | I also desire to go there some time. (আই অলচ' ডিজায়াৰ টু গ দেয়াৰচাম টাইম) |

# 32

# শ্ৰেণী কক্ষত

## IN THE CLASSROOM (ইন দি ক্লাছ ৰুম)

ছাত্ৰ–নমস্কাৰ, চাৰ।

Sir, good morning. (চাৰ, গুড মৰ্নিং)

শিক্ষক–নমস্কাৰ। ল'ৰাহঁত।

Good morning, boys. (গুড মৰ্নিং, বইজ)

ৰমেশ–চাৰ, আজি ধাৰাসাৰে বৰষুণ দিছে। সকলো ল'ৰা অহা নাই। বাটত সকলো ঠাইত পানী জমা হৈছে।

Sir, it has been raining heavily today, all the students have not come. There is water every where in the way. (চাৰ, ইট হেজবীন ৰে'নিং হেভিলি টুডে। অল দি ষ্টুডেণ্টচ হেভ নট কাম। দেয়াৰ ইজ ওৱাটাৰ এভ্ৰি হ্ৱেৰ ইন দি ওৱে)

গিৰিশ–চাৰ, মোহনৰ ঘৰৰ ছাত পৰি গৈছে।

Sir, the roof of Mohan's house has collapsed. (চাৰ, দি ৰুফ অফ মোহনচ হাউচ হেজ কলাপচ্ড)

শিক্ষক–কাৰো গাত আঘাত লগা নাইতো?

Has anybody been hurt. (হেজ এনি বডি বীণ হাৰ্ট?)

গিৰিশ–চাৰ, কাৰো গাত আঘাত লগা নাই।

No sir, no body was hurt. (ন'চাৰ নবডি ওৱাজ হাৰ্ট)

শিক্ষক–ভালকথা। আজি নতুন নতুন পাঠ আৰম্ভ নকৰোঁ।- আমি সাধাৰণ জ্ঞান সম্পৰ্কে আলোচনা কৰিম। শ্যাম, তুমি কোৱা ভাৰত কেতিয়া স্বাধীন হৈছিল?

Well, I shall not begin a new lesson today. Let us discuss general knowledge. Shyam you tell me when did India become free. (ওৱেল, আই চেল নট বিগিন নি লেচন টুডে। লেট আচ ডিচকাচ জেনেলে নলেজ। শ্যাম, ইউ টেল মি হোৱেন ডিড ইণ্ডিয়া বিকাম ফ্ৰি?)

শ্যাম–চাৰ, ১৯৪৭ চনৰ ১৫ আগষ্টত।

On 15th August, 1947 Sir. (অন 15th অগাষ্ট, 1947 চাৰ)

শিক্ষক–ঠিক। ভাৰতৰ প্ৰথম ৰাষ্ট্ৰপতি কোনে আছিল?

Quite all right. Who was the first President of India? You answer

তুমি কোৱা হামিদ।

Hamid.
(কোৱাইট, তাল ৰাইট। হু ওৱাজ দি ফাস্ট প্ৰেচিডেন্ট অফ ইণ্ডিয়া। ই আনচাৰ হামিদ)

হামিদ–পণ্ডিত জৱাহৰলাল নেহৰু চাৰ।

Pandit Jawaharlal Nehru, Sir.
(পণ্ডিত জৱাহৰলাল নেহৰু চাৰ)

শিক্ষক–নহয়, তেওঁ তো প্ৰথম প্ৰধান মন্ত্ৰীহে আছিল। কোনে ক'ব? বাৰু গণেশ, তুমি কোৱা।

No, he was the first Prime Minister. Who will answer. O.K. Ganesh, you tell.
(ন'হি হি ওৱাজ দি ফাৰ্স্ট প্ৰাইম মিনিস্টাৰ হু উইল আনচাৰ? অ'কে.গণেশ, ইউ টেল)

গণেশ–চাৰ, ডঃ ৰাজেন্দ্ৰ প্ৰসাদ ভাৰতৰ প্ৰথম ৰাষ্ট্ৰপতি আছিল।

Sir, Shri. Rajendra Prasad was the first President of India.
(চাৰ, ডঃ ৰাজেন্দ্ৰ প্ৰসাদ ওৱাজ দি ফাৰ্স্ট প্ৰেচিডেন্ট অফ ইণ্ডিয়া)

শিক্ষক–তুমি সঁচা উত্তৰ দিছা। পিচৰ প্ৰশ্ন। ভাৰতৰ লৌহ পুৰুষ কাক কয়?

You are right. Next question. Who is called the iron man of India? (ইউ আৰ ৰাইয়। নেক্সট কুৱেশ্চন হু ইজ কলড্ দি আইৰণ মেন অফ ইণ্ডিয়া?)

ৰমেশ–মই ক'ম চাৰ? চৰ্দাৰ বল্লভ ভাই পেটেল চাৰ।

May I tell, sir? Sardar Vallabhai Patel, Sir. (মে আই টেল চাৰ? সৰ্দাৰ বল্লভ ভাই পেটেল চাৰ)

শিক্ষক–ঠিক উত্তৰ। তোমালোকে ক'ব পাৰানে হাৰবিৰিয়াম কাক কয়?

Correct, can you tell me what is a herbarium
(কাৰেক্ট। কেন ইউ টেল মী হোৱাট ইজ এ হাৰবেৰিয়াম?)

ছাত্ৰ–নাজানো চাৰ, আমি এই নামটো প্ৰথমবাৰ শুনিছোঁ।

No sir, we are hearing it for the first time. (ন চাৰ, উই আৰ হিয়াৰিং ইট ফৰ দি ফাস্ট টাইম)

শিক্ষক–বাৰু, মই তোমালোকক কৈছোঁ। হাৰবাৰিয়াম হ'ল সেই স্থান য'ত বিভিন্ন গছক শুকুৱাই হেঁচা দি ৰখা হয়।

O.K. Itell you. Herbarium is a place where a collection of dried and pressed plants is kept. (অ'কে, আই উইল টেল ইউ। হাৰবেৰিয়াম ইজ এ প্লেচ

| | |
|---|---|
| | হুৱেৰ এ কলেকশ্বন অফ ড্ৰাইভ এণ্ড প্ৰেচড্ প্লানট্চ ইজ কে'প্ট) |
| ৰোশন–চাৰ, য'ত ঐতিহাসিক বস্তুৰ সংগ্ৰহ ৰখা হয়, সেই ঠাই ডোখৰৰ নাম কি ? | Sir, what's that place called where collection of historical things are kept? (চাৰ, হোৱাট্চ দি প্লেচ কলড হুৱেৰ কলেকশ্বন অফ হিস্টৰিকেল থিংচ আৰু কেপ্ট ?) |
| শিক্ষক–সেই স্থানক সংগ্ৰহালয় কয়। | Such a place is called museum. (চাচ এ প্লেচ ইজ কলড মিউজিয়াম) |
| শিক্ষক–হিন্দীত আটাইতকৈ জনপ্ৰিয় গ্ৰন্থ কি ? | Which is the most popular Hindi book? (হুইচ ইজ দি ম'ষ্ট পপুলাৰ হিন্দী বুক) |
| হবিব–ৰামায়ণ, চাৰ। | Ramayana, sir. (ৰামায়ণ, চাৰ) |
| শিক্ষক–শুদ্ধ উত্তৰ। কিন্তু এই গ্ৰন্থৰ লেখকৰ নাম কোৱা। | Quite correct. But tell the author of the book. (কোৱাইট কাৰেক্ট। বাত টেল দি অথৰ অফ দি বুক) |
| হবিব–কবি শিৰোমণি তুলসীদাস, চাৰ। | Crest-jewel of poets Tulsidas, sir. (ক্ৰেস্ট জুয়েল অফ পয়েট্চ তুলসীদাস, চাৰ) |
| শিক্ষক–চাব্বাচ ! কোনে প্ৰথম সংস্কৃত ৰামায়ণ ৰচনা কৰিছিল ? | Excellent! Who wrote the first Sanskrit Ramayana? (একচেলেণ্ট, হু-ৰ'ট দি ফাৰ্স্ট সংস্কৃত ৰামায়ণ ?) |
| গিৰীশ–মহৰ্ষি বাল্মিকি আছিল প্ৰথম কবি যি সংস্কৃত ৰামায়ণ ৰচনা কৰিছিল। | Maharishi Valmiki was the first poet who wrote the Sanskrit Ramayana. (মহৰ্ষি বাল্মিকি ওৱাজ দি ফাৰ্স্ট পয়েট হু ৰ'ট দি সংস্কৃত ৰামায়ণ) |
| শিক্ষক–তোমালোকৰ ভাল সাধাৰণ জ্ঞান আছে। মই তোমালোকক এতিয়া কেইটামান টান প্ৰশ্ন কৰিম। | You all have a very good general knowledge. O.K. now, I ask you a somewhat difficult question. (ইউ অল হেভ এ ভেৰি গুড, জেনেৰোল নলেজ। অ'কে। নাও আই আস্ক ইউ চাম ডিফিকাল্ট কুৱেশ্বনচ) |

| | |
|---|---|
| ছাত্র– সোধক চাৰ। আমি উত্তৰ দিবলৈ প্ৰাণপণে চেস্টা কৰিম। | Ask sir. We shall try our best to answer it. (আচক চাৰ। উই চেল ট্ৰাই আৱাৰ বেস্ট টু আনচাৰ ইট) |
| শিক্ষক–বৃক্ষ আৰু উদ্ভিদৰপাতৰ ৰং কিয় সেউজীয়া হয় ? | Why are the leaves of plants and trees green? (হোৱাই আৰ দি লীভচ অফ প্লাণ্টচ এণ্ড ট্ৰিজ গ্ৰীন ?) |
| শিক্ষক–কোনেও নাজানা ? হৰিশ তুমি চেস্টা কৰা। | No body. Well, you try Harish. (ন' বডি। ওৱেল ইউ ট্ৰাই হৰিশ) |
| হৰিশ– কাৰণ সেইবোৰৰ মাজত সেউজয়া ৰং থাকে। | Because there is a green colour in them. (বিকজ, দেয়াৰ ইজ এ গ্ৰীন কালৰ ইন দেম) |
| শিক্ষক–কিন্তু কিয় তাৰ ভিতৰত সেউজীয়া ৰং থাকে ? মই কৈছো, কাৰণ তাৰ ভিতৰত ক্লোৰোফিল নামৰ এটা উপাদান থাকে। | But why is there green colour? I tell you, because a matter called chlorophyll is found in them. (বাত হোৱাই ইজ দেয়াৰ গ্ৰীন কালাৰ ? আই টেল ইউ, বিকজ এ মেটাৰ কলড ক্লোৰোফিল ইজ ফাউণ্ড ইন দেম।) |

# 33
# পুথি ভঁৰাল সম্বন্ধীয়
## ABOUT THE LIBRARY (এবাউট দি লাইব্ৰেৰী)

| | | |
|---|---|---|
| আগন্তুক– | নমস্কাৰ, মহাশয় | Good morning sir. (গুড মৰ্নিং, চাৰ) |
| লাইব্ৰেৰিয়ান– | নমস্কাৰ। মই আপোনাৰ কাৰণে কি কৰিব পাৰো ? | Good morning please, What can I do for you? (গুড মৰ্নিং প্লিজ। হোৱাট কে আই ডু ফৰ ইউ ?) |
| আগন্তুক– | মই আপেনাৰ পুথি ভঁৰালৰ সদস্য হ'ব খোজো। | I want to become a member of your library. (আই ওৱাণ্ট টু বিকাম এ মেম্বাৰ অফ ইয়ৰ লাইব্ৰেৰী) |

লা– বৰ আনন্দৰ সৈতে। আপুনি ক'ত থাকে আৰু কি কাম কৰে?

With great pleasure. Where do you live and what is your occupation? (উইথ গ্ৰেট প্লেজাৰ। হ্বেৰ ডু ইউ লিভ এণ্ড হোৱাট ইজ ইয়াৰ প্ৰফেশ্বন?)

আ– মই এজন চৰকাৰী কৰ্মচাৰী আৰু চান্দনী চ'কত থাকোঁ।

I'm a government servant and live in Chandni Chowk. (আই এম এ গভৰ্ণমেণ্ট চাৰ্ভেণ্ট এণ্ড লীভ ইন চান্দনী চ'ক)

লা– দহ পইচা দি এই ফৰ্মখন লওক। এই ফৰ্মখন ভৰাই এজন গেজেটেড অফিচাৰৰ দ্বাৰা প্ৰত্যাহিয় কৰি ইয়াত দিব।

Pay ten paise and take this form. Fill it up, get it attested by some gazetted officer and then return. (পে টেন পেয়সা এণ্ড টেক দি ফৰ্ম। ফিল ইট আপ, গেট ইট এটেস্টড বাই চাম গেজেটেড অফিচাৰ এণ্ড দে'ন ৰিটাৰ্ন)

আ– মই সদস্য চান্দা দিব লাগিবনেকি?

Have I to pay some membership fee? (হেভ আই টু পে চাম মেম্বাৰচিপ ফি?)

লা– সদস্য চান্দা দিব নালাগে- ই বিনামূলীয়া

No, it is all free. (ন' ইট ইজ, অল ফ্ৰি)

আ–একেলগে কেইখন কিতাপ দিয়ে?

How many books are issued at a time? (হাও মেনি বুকচ আৰ ইচুদ এট এ টাইম?)

লা– আপোনাক তিনি খন কাৰ্ড দিয়া হ'ব আৰু আপুনি তিনিখন কিতাপ নিব পাৰিব।

You will be given three cards and you can get issued three books at a time. (ইউ উইল বি গিভ্‌ন থ্ৰি কাৰ্ডচ এণ্ড ইউ কেন গেট ইচুদ থ্ৰি বুকচ এট এ টাইম)

আ– কিমান দিনৰ কাৰণে কিতাপবোৰ দিয়া হ'ব?

For how many days will these be issued? (ফৰ হাওমেনি ডেজ উইল দিজ বুকচ বি ইচুদ?)

লা– পোন্ধৰ দিনৰ কাৰেণ। তাৰ পিচত আপুনি কিতাপবোৰ ঘূৰাই দিব পাৰে বা পুনৰ নি পাৰে। নহলে আপুনি প্ৰতিদিনে দহ পইচা জৰিমনা

For a fortnight. After this you can get these reissued or return them otherwise you have to pay a fine of ten paisa per day. (ফৰ এ ফোৰ্টনাইট। আফটাৰ দিচ ইউ কেন গেট দিজ বি ইচুদ অৰ ৰিটাৰ্ন দেম, আদাৰ ওৱাইজ ইউ হেভ টু পে

এ ফাইন অফ টেন পইছে পাৰ ডে)

আ– লাইব্ৰেৰীৰ সময় কি ?
What are the library timings? (হোৱাট আৰদি লাইব্ৰেৰী টাইমিংচ ?)

লা– ৰাতিপুৱা দহটাৰ পৰা গধূলি ছটালৈকে। দেওবাৰ আৰু অন্যান্য ছুটিৰ দিনত বন্ধ থাকে।
From 10 a.m. to 6 p.m. It remains closed on Sundays and other holidays. (ফ্ৰম 10 এ.এম. টু 6 পি.এম.। ইট ৰিমেইনচ ক্ল'জড অন চানডে এণ্ড আদাৰ হলিডেজ)

আ– পুঁথি ভঁৰালত কিমান কিতাপ আছে ? থিয়েটাৰ সম্বন্ধীয় কিতাপ আছেনে ?
What's the number of books in the library? Are there books on theatre also? (হোৱাট্চ দি নাম্বাৰ অফ বুকচ ইন দি লাইব্ৰেৰী ? আৰ দেয়াৰৰ বুকচ অন থিয়েটাৰ অলচ ?)

লা– আমাৰ পুথি ভৰাঁলত 30 হাজাৰ কিতাপ আছে। অকল থিয়েটাৰৰে ওপৰতে নহয় আমাৰ ওচৰত প্ৰায় সকলো বিষয়ৰ কিতাপ আছে।
We have about 30 thousand books in our library. Not only on theatre we have books nearly on all subjects. (উই হেভ এবাউট 30 থাউজেণ্ড বুকচ ইন আৱাৰ লাইব্ৰেৰী। নট অনলি থিয়েটাৰ উই হেভ বুকচ নিয়াৰলি অন অল চাবজেক্টচ)

আ– বাতৰিকাকত আৰু সাময়িক আলোচনী পঢ়িবৰ সুবিধা আছেনে ?
Is there a facility of reading newspapers and magazines? (ইজ দেয়াৰ এ ফেচিলিটি অফ ৰিডিং নিউজ পেপাৰচ এণ্ড মেগাজিনচ ?)

লা– আমাৰ এটা বৰ ভাল অধ্যয়ণ কক্ষ আছে। তাত আমি সকলো বিধৰ বাতৰি কাকত আৰু সাময়িক আলোচনা ৰাখোঁ।
We have a very good reading room. There we get all types of papers and magazines. (উই হেভ এ ভেৰি গড ৰদীডিং ৰুম। দেয়াৰ উই গেট অল টাইপচ অফ নিউজ পেপাৰ্চ এণ্ড মেগাজিনচ)

আ– আপোনাক অশেষ ধন্যবাদ। কালিলৈ আহি মই সদস্য হ'ম।
Thank you so much. I shall come tomorrow and become a member. (থেঙক ই চ' মাচ। আই চেল কাম টুমৰু এণ্ড বিকাম মেম্বৰ)

লা– এইটো কৰিবওলঅহম প্ৰসন্নতা পাম।
We shall be glad to do so. (উই চেল বি গ্লেড টু ডু চো)

# 34
# বেঙ্কত হিচাপ খোলা
## OPENING A BANK ACCOUNT
(অপেনিং এ বেঙ্ক একাউন্ট)

| | |
|---|---|
| গ্ৰাহক– মেনেজাৰ ডাঙৰীয়া ক'ত বহে। মই তেওঁক দেখা কৰিব খোজোঁ। | Where does the Bank Manager sit? I want to see him. (হুৱেৰ ডাজ দি বেংক মেনেজাৰ চিট? আই ওৱাণ্ট টু চী হিম) |
| কেৰানী– হয়, আপুনি তেওঁৰ লগত সাক্ষাত কৰিব পাৰে। তেওঁ সৌ কোঠাটোত বহে। মই আপোনাক কিবা সহায় কৰিব পাৰোনে? | Yes, you can see him. He sits there in that room. Can I help you please. (ইয়ে, ইউ কেন চী হিম। হি চিট্চ দেয়াৰ ইন দেখ ৰুম। কেন আই হেল্প ইউ প্লিজ?) |
| গ্ৰাহক– আপোনাক অনেক ধন্যবাদ। | Thank you so much. (থেংক ইউ চ' মাচ) |
| কেৰানী– একো ক'ব নেলাগে। আপুনি মেনেজাৰৰ লগত দেখা কৰিব পাৰে। আপোনাৰ লগত দেখা হ'লে তেওঁ আনন্দ পাব। | No mention please, you can see the manager. He will be pleased to see you. (ন' মেনশ্বন প্লিজ। ইউ কেন চি দি মেনোৰ। হি উলি কি প্লিজড্) |
| গ্ৰাহক– তেওঁৰ নামটো কি জানিব পাৰোনে। | May I know his good name please? (মে আইন ন' হিজ গুড নেম প্লিজ?) |
| কেৰানী– নিশ্চয়ই। তেওঁৰ নাম পঞ্চানন পাঠক | Surely. His name is Mr. Panchanan Pathak. (চিৱৰলি। হিজ নেম ইজ পঞ্চানন পাঠক) |
| গ্ৰাহক– আপোনাক ধন্যবাদ। | Thank you. (থেঙক ইউ) |
| গ্ৰাহক– ভিতৰলৈ যাব পাৰোনে? | May I come in Please? (মে আই কাম ইন প্লিজ?) |
| মেনেজাৰ–হয়, আহক। | Yes, with great pleasure. (ইয়েচ উইথ গ্ৰেট প্লেজাৰ) |

| | | |
|---|---|---|
| গ্ৰাহক– | মোৰ নাম ৰামেশ্বৰ সেন। | My name is Rameshware Shukla. (মাই নেম ইজ ৰামেশ্বৰ সেন।) |
| মেনেজাৰ– | আপোনাক দেখা পাই বৰ আনন্দ পালোঁ। মই আপোনাৰ কাৰণে কি কৰিব পাৰো? | I'm very glad to see you. What service can I render you? (আয় ভেৰি গ্লেড টু চি ইউ। হোৱাট চাৰ্ভিচ কেন আই ৰেণ্ডাৰ ইউ?) |
| গ্ৰাহক– | মই আপোনাৰ বেংকত এটা সঞ্চয় হিচাপ খুলিব খোজোঁ। | I want to open an account in your bank. (আই ওৱাণ্ট টু অপেন এন একাউণ্ট ইন ইয়োৰ বেংক) |
| মেনেজাৰ– | আনন্দৰ সৈতে। আপুনি কি ধৰণৰ হিচাপ খুলিব দয়া কৰি মোক ক'বনে? | With pleasure, will you please tell me which type of account do you want to open? (উইথ প্লেজাৰ। উইল ইউ প্লিজ টেল মি হুইচ টাইপ অফ একাউণ্ট ডু ইউ ওৱাণ্ট টু অপেন?) |
| গ্ৰাহক– | মই চেভিংচ বেংক হিচাপৰ খুলিব খোজোঁ- | I want to open a saving bank account. (আই ওৱাণ্ট টু অপেন এ চেভিংচ বেঙ্ক একাউণ্ট) |
| মেনেজাৰ– | আপুনি অকলে হিচাপ খুলিব খোজে।- | Do you want to open a single or a joint account? (আই ওৱাণ্ট টু অপেন এ চেভিংচ বেঙ্ক একাউণ্ট) |
| গ্ৰাহক– | মই মোৰ ভাইৰ লগত এটা যৌথ হিচাপ খুলিব খোঁজো। | I want to open a joint account with my younger brother. (আই ওৱানট টু অপেন এ জইণ্ট একাউণ্ট উইথ মাই ইয়ংগাৰ ব্ৰাডাৰ) |
| মেনেজাৰ– | আপোনাৰ ভায়েক আপোনাৰ লগত ইয়ালৈ আহিছেনেকি? | Has your brother come here? (হেজ ইয়ৰ ব্ৰাডাৰ কাম হিয়াৰ?) |
| গ্ৰাহক– | তেওঁ অহা নাই। | No, he is not here at the moment. (ন' হি ইজ নট হিয়াৰ এট দি মমেণ্ট) |

মেনেজাৰ–কিন্তু তেওঁৰ উপস্হিতিৰ প্ৰয়োজন। যৌথ হিচাপ খোলাৰ ফৰ্ম (প্ৰপত্ৰ) খন মই আপোনাক দিছোঁ যাৰ এই বেঙ্কত হিচাপ আছে তেওঁৰ দ্বাৰা আপুনি এইবোৰ চিনাক্ত কৰিব লাগিব।

But his presence is essential. I am giving you forms for opening a joint account. You get these introduced by some one who has already an account in the bank. (বাট হিজ প্ৰেজেন্স ইজ এসেনশিয়াল। আই এম গিভিং ইউ ফৰ্মচ ফৰ অপেনিং এ জইন্ট একাউন্ট। ইউ গেট দিজ ইন্ট্ৰডিউচড বাই চাম ওৱান হু হেজ অলৰেডি এন একাউন্ট ইন দি বেংক)

গ্ৰাহক– কিমান টকা দি এই হিচাপ খোলা যায়?

With how much money this account can be opened? (উইথ হাও মাচ মানি দিচ একাউন্ট কেন বি অপেণ্ড?)

মেনেজাৰ –মাত্ৰ পাঁচ টকা সুবিধা লাগে।

With five rupees only. (উইথ ফাইভ ৰুপিজ অনলি)

গ্ৰাহক–কিন্তু মোক চেক বহীৰ

But I want to avail myself of the cheque-book facility. (বাত আই ওৱান্ট টু এভেইল মাই চেল্ফ অফ চেক বুক ফেচিলিটি)

মেনেজাৰ–সেই ক্ষেত্ৰত আপুনি অতি কমেও এশ টকাৰে হিচাপ খুলিব লাগিব আৰু সদায় হিচাপত এশ টকা থাকিব লাগিব

In that case, you have to open the account with minimum of hundred rupees and there should always remain a minimum balance of hundred rupees. (ইন দেট কেচ, ইউ হেভ টু অপেন দি একাউন্ট উইথ মিনিমাম অফ হাণ্ড্ৰেদ ৰুপিজ এণ্ড দেয়াৰ চুদ অলৱেজ ৰিমেইন এ মিনিমাম বেলেঞ্চ অফ হাণ্ড্ৰেদ ৰুপিল)

| | |
|---|---|
| গ্ৰাহক– ধন্যবাদ। মই কাইলৈ মোৰ ভাইক লৈ ইয়ালৈ আহিম | OK. Thank you. I shall come tomorrow with my brother. (অ'.কে. থেঙ্ক ইউ। আই চেল কাম টুমৰো উইথ মাই ব্ৰাডাৰ) |
| মেনেজাৰ–এয়া ফৰ্ম বোৰ লওক- এইবোৰ ভৰাই লৈ আহিব। | Here are the forms. Brings these duly filled in. (হিয়াৰ আৰ দি ফৰ্মচ। ব্ৰিং দিজ ডিউলি ফিল্ড ইন।) |
| গ্ৰাহক–বাৰু মই কাইলৈ আহিম। | OK. I shall come tomorrow. (ও.কে.! আই চেল কাম টমৰু) |
| মেনেজাৰ–আপুনি অহাৰ কাৰণে ধন্যবাদ। আশা কৰিছো কাইলৈ আপোনাৰ লগত আকৌ দেখা হ'ব। | Thank you for the visit. Hope to see you tomorrow. (থেঙ্ক ইউ ফৰ দি ভিজিট হুপ টু চি ইউ টুমৰু) |
| গ্ৰাহক– কষ্ট কৰাৰ কাৰণে ধন্যবাদ বাৰু নমস্কাৰ- | Thank you for the trouble. Well good bye. (থেঙ্ক ইউ ফৰ দি ট্ৰাবল। ওৱেল, গুড বাই) |
| মেনেজাৰ–নমস্কাৰ | Good bye (গুড বাই) |

# 35

# ৰেলৱে প্লেটফৰ্মত

## ON THE RAILWAY PLATFORM

(অন দি ৰেলৱে প্লেট ফৰ্ম)

| | |
|---|---|
| ১ম যাত্ৰী–3 নং প্লেটফৰ্ম কোন পিনে ক'ব পাৰানে? | Can you tell me where is platform no 3? (কেন ইউ টেল মি হ্বেৰ ইজ প্লেটফৰ্ম নাম্বাৰ 3?) |
| কুলি– দলঙৰ সোঁফালে, তাত লিখাও আছে। | Across the over bridge to the right, it is written there. (এক্ৰচ দি অভাৰ ব্ৰিজ টু দি ৰাইট। ইট ইজ ৰিটেন দেয়াৰ) |
| ১ম যাত্ৰী–মুম্বাইলৈ যোৱা ডিলাক্স 3 নং প্লেট ফৰ্মলৈ আহে নহয় জানো? | Mumbai bound deluxe arrives on platform no 3 isn't it? (মুম্বাই বাউণ্ড ডিলুক্স এৰাইভ্চ অন এট প্লেটমভ নং 3, ইজ্‌ন্ট ইট?) |
| কুলি– হয় চাৰ, 3 নম্বৰলৈকে আহে। | Yes please, it comes on three. (ইয়েচ প্লিজ ইট কামচ অন থ্ৰী) |
| ১ম যাত্ৰী–ধন্যবাদ, ভাই। | Thanks you, brother. (থেঙ্ক ইউ ব্ৰাডাৰ) |
| ২য় যাত্ৰী–আপনি মুম্বাইলৈ যাব নেকি ময়ো তালৈ যাম, দুজনে একেলগে যাব পাৰিম। | Are you proceeding to Mumbai? I'm also going there, it would be a good company. (আৰ ই প্ৰচিডিং টু মুম্বাই? আই এম অলচ' গয়িং দেয়াৰ, ইট উদ বি এ গুড কম্পেনি) |
| ১ম যাত্ৰী–এইটো বৰ ভাল হ'ল, যাত্ৰা আনন্দপূৰ্ণ হব। | It is very nice, the journey would be pleasant. (ইট ই ভেৰি নাইচ, দি জাৰ্নি উদ বি প্লেজেন্ট) |
| ২য় যাত্ৰী–মুম্বাই পাবলৈ ট্ৰেন খনৰ কিমান সময় লাগিব? | How long will the train take to reach Mumbai? (হাও লং উইল দি ট্ৰেন টেকটখু ৰিচ মুম্বাই) |
| ১ম যাত্ৰী–আনুমানিক 24 ঘণ্টা। তেৰশ কিলোমিটাৰৰো | Near about 24 hours. It is more than thirteen hundred kms. |

| | |
|---|---|
| অধিক দূৰত্বৰ পথ। | journey. (নিয়াৰ এবাউট 24 আৱাৰ্চ। ইট ই ম'ৰ দেন থাৰটিন হাণ্ড্ৰেদ কিঃ মিঃ জাৰ্নি) |
| ২য় যাত্ৰী–আপোনাৰ লগত মাত্ৰ এইটো এটাচিয়েই আছেনে? | You have only this attache? (ইউ হেভ অনলিদিচ এটাচি?) |
| ১ম যাত্ৰী–মই পাতল বস্তু লৈ ভ্ৰমণ কৰো। | Yes please, I like to travel light. (ইয়েচ প্লিজ, আই লাইক টু ট্ৰেভেল লাইট) |
| ২য় যাত্ৰী–আপুনি তালৈ ফুৰিবলৈ ওলাইছেনে, নাইবা তাতে থাকে? | Are you going on a pleasure trip or do you live there? (আৰ ই গইনঅন এ প্লেজাৰ ট্ৰিপ অৰইউ লিভ দেয়াৰ?) |
| ১ম যাত্ৰী–মই তাতেই থাকোঁ। আন্ধেৰীত মোৰ এখন ডাঙৰ কিতাপৰ দোকান আছে। মই এজন প্ৰকাশক। | Yes, I live there, at Andhery I own a big book shop, I am a publisher. (ইয়েচ, আই লিভ দেয়াৰএট আন্ধেৰী। আই অউন এ বিগ বুক চপ। আই এম এ পাব্লিচাৰ) |
| ২য় যাত্ৰী–মই তালৈ প্ৰথম বাৰ ফুৰিবলৈ ওলাইছোঁ। দয়া কৰি তাত চাব লগীয়া ঠাইবোৰৰ নাম মোক ক'বনে? | I'm going there for the first time on a pleasure trip. Would you kindly tell me the names of places of tourist interest there? (আই এম গইং দেয়াৰ ফৰ দি ফাৰ্স্ট টাইম অন এ প্লেজাৰ ট্ৰিপ উদ ইউ কাইণ্ডলি টেল মি দি নেমচ অব প্লেচেচ অফ টুৰিস্ট ইণ্টাৰেস্ট?) |
| ১ম যাত্ৰী–নক'ম কিয়? আৰু দুই–এবাৰ তাত মযো আপোনাৰ সঙ্গী হ'লে আনন্দ পাম। | Why not, and I would be glad to accompany you once or twice there. (হোৱাই নট, এণ্ড আই উদি বি প্লেড টু একম্পেনি ইউ ওৱান্স অৰ টোৱাইচ দেয়াৰ |
| ২য় যাত্ৰী–আপোনাক অনেক ধন্যবাদ কিন্তু মই | Thanks so much, but I don't want to trouble you, because |

| | |
|---|---|
| আপোনাক বেচি কষ্ট দিবলৈ নিবিচাৰোঁ কাৰণ আপুনি এজন ব্যস্ত মানুহে। | you are a busy man. (থেংক ইউ চ' মাচ. বাত আই ডউন্ট ৱাণ্ট টু ট্ৰাবল ইউ. বিকজ ইউ আৰ এ বিজি মেন) |
| ১ম যাত্ৰী–ইয়াত কষ্টৰ কথা কি আছে ? | What's there of trouble in it? (হোৱাট ই দেৰ অব ট্ৰাবল ইন ইট ?) |
| ২য় যাত্ৰী–মোৰ এজন বন্ধু তাত থাকে. কিন্তু মই আপোনাক তাত নিশ্চয় দেখা কৰিম আৰু তেতিয়া আমি এটা কাৰ্যক্ৰম তৈয়াৰ কৰিম।- | A friend of mine lives there, but I would certainly like to see you there, and then we shall chalk out a programme. (এ ফ্ৰেণ্ড অফ মাইন লিভচ দেয়াৰ বাত আই উ চাৰ্টেনলি লাইক টু চি ইউ দেয়াৰএণ্ড দেন উই চেল চক আউট এ প্ৰগ্ৰাম) |
| ১ম যাত্ৰী–ভাল কথা. আপুনি যি ভাল দেখে কৰিব। আমাৰ ঘৰত যিকোনো সময়ত আপোনাৰ নিমন্ত্ৰণ থাকিল। | O.K., as you please. You are most welcome at our house any time. (অ'কে. এজ ইউ প্লিজ। ইউ আৰ ম'স্ট ৱেলকাম এট আৱাৰ হাউচ এনি টাইম) |
| ২য় যাত্ৰা–দয়াকৰি মোক আপোনাৰ ঠিকনাটো দিয়ক। | You please give me your address (ইউ প্লিজ গিভ মি ইয়ৰ এড্ৰেচ) |
| ১ম যাত্ৰী–নিশ্চয়ই ট্ৰেনত আপোনাক মোৰ ঠিকনা আৰু টেলিফোন নম্বৰটো দিম। | Certainly, I shall give you my address and telephone no, in the train. (চাৰ্টেনলি, আই চেল গিভ ইউ মাই এড্ৰেচ এণ্ড টেলিফোন নাম্বাৰ ইন দ্য ট্ৰেইন) |
| ২য় যাত্ৰী–ভাল কথা। তেন্তে আহক একাপ চাহ খাই লওঁ। গাড়ী এৰিবলৈ এতিয়াও সময় আছে। | Well, let us have a cup of tea, still there is time in train's departure. (ৱেল. লেট আচ হেভ এ কাপ অফ টি. স্টিল দেয়াৰ ইজ টাইম ইন ট্ৰেইনচ ডিপাৰচাৰ) |

# 36

# শিষ্টাচাৰ

## GOOD MANNERS (গুড মেনার্চ)

| | |
|---|---|
| গোবিন্দ– শিষ্টাচাৰে মানুহক পশুৰ পৰা পৃথক কৰিছে। | Good manners separate men from animals. (গুড মেনার্চ চেপাৰেট মেন ফ্ৰম এনিমেলচ) |
| উইলচন– তাত কোনো সন্দেহ নাই। এইটো আমাৰ কাৰণে অতি প্ৰয়োজনীয়। | There is no doubt in it. It is very essential for us. (দেয়াৰ ইজ ন' ডাউট ইন ইট। ইট ইজ ভেৰি এচেন্সিয়েল ফৰ আচ) |
| গোবিন্দ– শিষ্টাচাৰ ল'ৰা কালতে শিকা যায়। ইয়াত কোনো খৰচ নাই। | Good manners can be learnt in childhood. These do not cost anything. (গুড মেনার্চ কেন বি লাৰ্ণ্ট ইন চাইল্ড হুড। দিজ ডুনট কষ্ট এনিথিং) |
| উইলচন– আমাৰ সামাজিক সম্বন্ধ ইয়াৰ ওপৰতেই থিয় হৈ আছে। শিষ্টাচাৰে আমাৰ জীৱনক কিমান মধুৰ কৰে। | Our social relations are based on these. Good manners make our life so sweet. (আৱাৰ চোচিয়েল ৰিলেশ্বনচ আৰ বেজড অন দিজ। গুড মেনার্চ মেক আৱাৰ লাইফ চ' চুইট) |
| গোবিন্দ– আমি যে শিক্ষিত আৰু সভ্য তাক একমাত্ৰ শিষ্টাচাৰেই প্ৰকাশ কৰে। | Good manners only show that we are cultured and educated (গুড মেনার্চ অনলি চ'উজ দেট উই আৰ কালচাৰ্ড এণ্ড এডুকেটেড) |
| উইলচন– হয়, এজন শিষ্টাচাৰহীন মানুহতো প্ৰকৃততে বৰ্ব্বৰ। | Yes, a man without good manners is really a savage. (ইয়েচ, এ মেন উইদাউট গুড মেনার্চ ইজ ৰিয়েলি এ চেভেজ) |
| গোবিন্দ– শিশুক আৰম্ভণিৰ পৰাই শিষ্টাচাৰ শিকোৱাটো অত্যন্ত জৰুৰী। অশিষ্ট লৰাছোৱালীয়ে সিহঁতৰ মাক-দেউতা আৰু স্কুলৰ | It is necessary that children are taught good manners from the very beginning. Ill mannered children bring bad name to their parents and school. |

| | |
|---|---|
| বদনাম আনে। | (ইট ইজ নেচেচাৰদেট চিল্ডৰেণ আৰ টুটি গুড মেনাৰ্চ ফ্ৰম দি ভেৰি বিগিনিং। ইল মেনাৰ্ড চিল্ডৰেন ব্ৰিং বেড নেম টু দেয়াৰ পেৰেন্টচ এণ্ড স্কুল) |
| উইলচন– কেতিয়াবা কেতিয়াবা ভাল পৰিয়ালৰ ল'ৰা-ছোৱালীয়েও অশিস্ট ব্যৱহাৰ কৰে। | Sometimes even the children belonging to good families show ill manners. (চামটাইমচ ইভেন দি চিল্ডৰেন বিলঙ্গিংগু টু গুড ফেমিলিজ চ' ইজইল মেনাৰ্চ) |
| গোবিন্দ– সেই কাৰণে শিক্ষক আৰু মক-দেউতাকে ইয়াৰ ওপৰত বিশেষ দৃষ্টি দিয়া উচিত। | Therefore teachers and parents should pay special attention towards it. (দেয়াৰফৰ টিচাৰ্চ এণ্ড পেৰেন্টচ চুদ পে স্পেচিয়েল এটেন্শন টুওৱাৰ্ডচ ইট) |
| উইলচন– সৰুসৰু ছোৱালীয়ে ডাঙৰৰ পৰা শিকে। যদি ডাঙৰে শিস্টাচাৰ পালন কৰে, তেন্তে সৰুয়েও কৰিব। | Children learn from elders. If elders observe the good manners, then children are bound to follow. (চিলড্ৰেন লাৰ্ন ফৰ্ম এলডাৰ্চ। ইফ এলডাৰ্চ অৱজাভ্ দি গুড মেনাৰ্চ দেন দি চিল্ডৰেন আৰ বাউণ্ড টু ফ্ল। |
| গোবিন্দ– শিস্টাচৰৰ আধাৰ হ'ল। ভদ্ৰতা আৰু নম্ৰতা। | Good manners are based on courtesy and politeness. (গড্ মেনৰ্চ আৰ বেজড্ অন কাৰ্টচি এণ্ড প'লাইটনেচ) |
| উইলচন– 'ধন্যবাদ', 'অনুগ্ৰহ কৰি' 'দুঃখিত–আদি শব্দবোৰ বৰ গুৰুত্বপূৰ্ণ আৰু মূল্যবান। এইবোৰৰ দ্বাৰা জীৱন কিমান | How important and valuable are the words like 'thank you', 'please', sorry'! How easy and simple they make our life. (হাও ইমপৰটেন্ট এণ্ড ভেলুৱেবল আৰদি ওৱৰ্ডচ লাইক 'থেঙক ইউ', 'চাৰ', 'প্লিজ'! হাও ইজি এণ্ড চিম্পল দে মেক আৱাৰ লাইফ।) |
| গোবিন্দ– যদি আমাৰ কেতিয়াবা 'নহয়' শব্দটো কব লগা | Even if we have to say 'No' for something, we can say it in very |

নম্রতাৰ ক'ব পাৰোঁ।

polite words.
(ইফ উই হেভ টু চে 'নউ' ফৰ চামথিং. উই কেন চে ইট ইন ভেৰি পলাইট ওৱৰ্ডচ)

উইলচন– আনৰ অনুভূতিক শ্ৰদ্ধা কৰিলে প্ৰত্যেকেই শিকা উচিত।

All should learn to respect the feeling of others.
(অল চুদ লাৰ্ন টু ৰেচপেক্ট দি ফিলিংচ অফ আদাৰ্চ)

গোবিন্দ– আনৰ কথা আমি ধৈৰ্য্যেৰে শুনা উচিত। যত দূৰ সম্ভৱ আনৰ ধৰ্মীয় ভাৱনাক আমি শ্ৰদ্ধা কৰা উচিত।

We should listen others patiently. As far as possible we should respect the religious feelings of others.
(উই চুদ লিচন আদাৰ্চ পেচেন্টলি। এজ ফাৰ এজ পৰিৱল. উই চুদ ৰেচপেক্ট দি ৰিলিজিয়াচ ফিলিংচ অফ আদাৰ্চ)

উইলচন– আনৰ হাঁচি মৰা বা সময়ত আমাৰ নাক আৰু মুখ সদায় ঢকি থোৱা উচিত।

While sneezing or coughing we should always keep our nose or mouth covered. (হোৱাইল স্নিজিং অৰ কাফিং, উই চুদ কীপ আৱাৰ ন'জ এণ্ড মাউথ কভৰিদ!)

গোবিন্দ– বয়সীয়া মানুহ, মহিলা আৰু শিশুৰ প্ৰতি সহানুভূতিপূৰ্ণ বিবেচনাও বিবেচনাও শিষ্টাচাৰৰ এটা অঙ্গ।

Consideration for elders, ladies and children is also a part of good manners. (কনচিদাৰেশ্বন ফৰ এলডাৰ্চ, লেডীজ এণ্ড চিল্ডৰেন ইজ অলচ' এ পাৰ্ট অফ গুড মেনাৰ্চ)

উইলচন– সৎ আৰু নীতি সম্পন্ন ব্যক্তি সাদায় নম্ৰ হয় আৰু তেওঁলোকে আনৰ প্ৰতি মনোনিবেশ কৰে।

Good and virtuous people are always humble and they mind others. (গুড এণ্ড ভাৰ্চুৱাচ পিপল আৰ অলওৱেজ হাম্বল এণ্ড দে মাইণ্ড আদাৰ্চ)

গোবিন্দ– কাৰোবাৰ অনুপস্থিতিত তেওঁক নিন্দা কৰা উচিত নহয়।

We should not speak ill of others on their backs.
(উই চুদ নট স্পীক ইল অফ আদাৰ্চ অন দেয়াৰ বেকম)

# 37

# ঠিকনা বাহিৰ কৰা

## ASKING THE ADDRESS (আচকিং দি এড্রেচ)

| | |
|---|---|
| নতুন মানহ–ককাইদেউ, শুনক চোন–আপুনি মোক সাহায্য কৰিবনে। ইয়ালৈ মই নতুন আহিছোঁ। | Oh brother! Can you help me? I'm a stranger here. (অহ ব্ৰাদাৰ! কেন ইউ হেল্প মি? আই নে এ ষ্ট্ৰেঞ্জাৰ হিয়াৰ) |
| পথিক– নিশ্চয়ই, বৰ আনন্দেৰে। কোৱা তোমাৰ কাৰণে মই কি কৰিব পাৰোঁ- | Why not, with great pleasure. Tell me what can I do for you? (হোৱাই নট, উইথ গ্ৰেট প্লেজাৰ। টেল মি হোৱাট কেন আই ডু ফৰ ইউ?) |
| নতুন মানুহ–আপুনি মোক এই ঠিকনাটো ক'ব পাৰেনে? এঘণ্টা ধৰি মই এই ঠিকনাটো বিচাৰিছোঁ। | Can you tell me this address? I would be very kind of you. I have been searchign for an hour. (কেন ইউ টেল মি দিচ এড্ৰেচ? ইউ উদ বি ভেৰি কাইণ্ড অফ ইউ। আই হেভ বীন চাৰ্চিং ফৰ এন আৱাৰ) |
| পথিক– মোক ঠিকনাটো দেখুওৱা। | Show me the address. (চ' মি দি এড্ৰেচ) |
| নতুন মানুহ–লওক। | Here it is. (হিয়াৰ ইট ইজ) |
| পথিক– তুমি 10A/22 চুকিয়া ষ্ট্ৰীটলৈ যাব লাগিব। মইতো তাতে থাকো কিন্তু এতিয়া মই হস্পিতাললৈ যাব লাগিব, নহলে তোমাক লগত লৈ যাব | You have to go to 10A/22, Shakti Nagar : I also live at that side, but at present, I have to go to the hospital, otherwise I could have accompanied you. (ইউ হেভ টু গো টু 10A/22 চুকিয়া ষ্ট্ৰীট। আই অলচ' লিভ দেয়াৰ বাত এট প্ৰেজেন্ট, আই হেভ টু গ' টু দি হস্পিতাল, আদাৰ ওৱাইজ, আই কুদ হেভ একম্পেনিড ইউ) |
| নতুন মানুহ–কোনো কথা নাই, আপুনি সামান্য নিৰ্দেশ দিয়ক, মই নিজেই যাম। | No matter, you please guide me a little, I shall go myself. (ন' মেটাৰ, ইউ প্লিজ গাইড মি এ লিটল, আই চেল গ' মাইচেল্ফ) |

| | |
|---|---|
| পথিক– তুমি এতিয়া মানিকতলা চাৰি আলিত থিয়হৈ আছা। ৰাস্তাৰ সৌ বৃত্তটো দেখিছা তো? তালৈ যোৱা আৰু গৈ বাওঁপিনে ঘূৰিবা। তাৰ কোনত এন দোকান আছে -বিৰলা প্ৰভিচন ষ্টৰ। | Now you are standing at the Kamla Nagar crossing. Do you see that circle? Go there and turn to the left. There at the corner is a provision store-Birla Provision Store. (নাও ইউ আৰ ষ্টেণ্ডিং এট মানিকতলা ক্ৰচিং। ডু ইউ চি দেট চাৰ্কল? গ' দেয়াৰ এণ্ড টাৰ্ন টু দি কৰ্ণাৰ ই এ ষ্টেচনেৰী চপ-কমলা এজেন্সি) |
| নতুন মানুহ–কি নাম ক'লে? | What name did you say? (হোৱা নেম ইউ চে?) |
| পথিক–বিৰলা প্ৰোভিচন ষ্টোৰ পৰা পোনে পোনে তুমি প্ৰায় এশ খোজমান গৈ বাওঁফালে ঘূৰিব আৰু কাৰোবাক সুধিব ল'বা। | Birla Provision Store. From there you go straight about hundred paces and then take to the left. Walk a little and then again turn to the left. (বিৰলা প্ৰভিচন ষ্টোৰ। ফ্ৰম দেয়াৰ ইউ গ' ষ্ট্ৰেইট এবাউট হাণ্ড্ৰেড পেচেচ এণ্ড দেন টেক টু দা লেফট। ওৱাক এ লিটিল এণ্ড দেন এগেন টাৰ্ন টু লেফট) |
| নতুন মানুহ–ধন্যবাদ, মই তাত পুনৰ কোনোবা মানুহৰ সুধি লম। | Thanks, I shall ask again somebody there. (থেংকচ্ আই চেল আচক এগেইন চামবডি দেয়াৰ) |
| পথিক– হয়, সুধি লবা। তাৰ পৰা তোমাৰ ঠিকনাটো বেচি দূৰ নহয়। এতিয়া তোমাৰ আৰু একো অসুবিধা নহ'ব। | Yes, ask there, it is there nearby. Now, you will face no difficulty. (ইয়েচ, আচক দেয়াৰ, ইট ইজ দেয়াৰ নিয়াৰ বাই। নাও ইউ উইল ফে'চন ডিফিকাল্টি) |
| নতুন মানুহ–আকৌ ধন্যবাদ। | Thank you once again (থেংক ইউ ওৱান্স এগেইন) |
| পথিক–এটা কি 10A ব্লক? | Is it block 10A? (ইজ ইট ব্লক 10A?) |
| ২য় পথিক–হয়, আপুনি কাৰ ঘৰলৈ যাব? | Yes, at whose house you have to go? (ইয়েচ, এট হুজ হাউচ ইউ হেভ টু গ'?) |

| | |
|---|---|
| নতুন মানুহ–মই মিঃ সেনৰ ঘৰলৈ যাম। | I have to go to Mr. Sharma. He lives in 10A/22. (আই হেভ টু গ' মিঃ সেনচ হাউচ) |
| ২য় পথিক–আপুনি অলপ আগলৈ আহিল। সৌ চকুৰ ঘৰটো দেখিছে, সেই ঘৰবোৰৰ পিচত পঞ্চম ঘৰটো মিঃ সেনৰ ঘৰ। | You have come a little ahead. There you see that corner house, fifth from that is Mr. Sen's house. (ইউ হেভ কাম এ লিট্‌ল এহেড। দেয়াৰ ইউ চি দেট কর্ণাৰ হাউচ। ফিফট ফ্ৰম দেট ইজ মিঃ সেন'চ) |
| নতুন মানুহ– ধন্যবাদ | Thank you. (থেঙ্ক ইউ) |
| নতুন মানুহ–এইটো 10A/22? | Is this 10A/22? (ইজ দিচ 10A/22?) |
| ভৃত্য– হয়, আপুনি কাৰ লগত দেখা কৰিব? | Yes please, it is, whom do you want to see? (ইয়েচ প্লিজ, ইট ইজ হুম ডু ইউ ওৱাণ্ট টু চি?) |
| নতুন মানুহ–মই মিঃ সেনৰ লগত দেখা কৰিব খোজো। | I want to see Mr. Sen. (আই ওৱাণ্ট টু চি মিঃ সেন) |
| ভৃত্য– মি. সেন তো এতিয়া ইয়াত নাই। বজাৰলৈ গৈছে কিবা কামত। | Mr.Sen is not here at present. He has gone to bazaar for some work. (মিঃ সেন ইজ নট হিয়াৰ এট প্ৰেজেণ্ট। হি হেজ গণ টু-বাজাৰ ফ'ৰ চাম ওৱর্ক) |
| নতুন মানুহ–কোনো কথা নাই। শ্ৰীমতী সেন ঘৰত আছেনে? মই তেওঁৰ আত্মীয়। দিল্লীৰ পৰা আহিছো। | Never mind. Mrs. Sen might be there, I am her relative, I have come from Saharanpur. (নেভাৰ মাইণ্ড। মিচেছ সেন মাইট বি দেয়াৰ। আই এম হাৰ ৰিলেটিভ, আই হেভ কাম ফ্ৰম দেল্‌হী) |
| ভৃত্য–, অ' আপুনি মিস্টাৰ দে! বেগটো দিয়ক আৰু দয়া কৰি ভিতৰলৈ আহক। মিঃ সেনে ৰাতিপুৱাই আপোনাৰ নাম কৈছিল। | Well! You are Mr. Dey, Give me this bag and come in please. Mr. Sen was mentioning you only in the morning. (ওৱেল! ইউ আৰ মি. দে। গিভ মি দিচ বেগ এণ্ড কাম ইন প্লিজ। মিঃ দে ওৱাজ মেনচনিং ইউ অনলি ইন দি মর্নিং) |

# 38

# দুজনী বান্ধৱী

## TWO FRIENDS (টু ফ্ৰেণ্ডচ)

| | | |
|---|---|---|
| গীতা– | আৰে কৰিতা! কেনে আছা ? | Hello, Kavita how do you do? (হেল' কৰিতা হাউ ডু ইউ ডু ?) |
| কৰিতা– | ধন্যবাদ, মোৰ ভাল। তোমাৰ কেনেঁ ? | I am fine, Thank you. How are you? (আই এম ফাইন, থেঙ্ক ইউ। হাও আৰ ইউ) |
| গীতা– | ধন্যবাদ, ময়ো ভাল আছো। | I am also quite well, thank you. (আই এম অলচ কোৱাইট ওৱেল থেঙ্ক ইউ) |
| কৰিতা– | আজি এই পিনে কলৈ যোৱা ? | Where hither today? (হোৱাই হিদাৰ টু ডে ?) |
| গীতা– | অলপত মোৰ দদাই দেউ মুম্বাই পৰা আহিছে। তেওঁ এই কলনীটোতে থাকে। তেওঁক দেখা কৰিবলৈ আহিছিলো।। | Just recently my uncle has come from Mumbai. He has been living in this colony. I was going to see him. (জাস্ট ৰিচেন্টলি মাই আংকল হেজ কাম ফ্ৰম মুম্বাই। হি হেজ বীন লিভিং ইন দিচ কলনি আই ওৱাজ টু চি হিম) |
| কৰিতা– | তুমি লৰালৰি আছেনেকি ? | You are not in a hurry, are you? (ইউ আৰ নট ইন এ হাৰি, আৰ ইউ ?) |
| গীতা– | তেনেকুৱা একো লৰালৰি। কৰিব লগীয়া নাই। | No, I am not in such a hurry. (ন' আই এম নট ইন চাচ এ হাৰি।) |
| কৰিতা– | কিমান দিনৰ পিচত তোমাৰ লগত দেখা হ'ল। আমাৰ ঘৰলৈ ব'লা। | We have met after such a long time. Come to our house with me. (উই হেভ মেট আফটাৰ চাচ এ লং টাইম। কাম টু আৱাৰ হাউচ উইথ মি) |
| গীতা– | মই কিন্তু বেচিপৰ বহিব নোৱাৰিম। | But I shall not be able to stay long. (বাত আই চেল নট বি এবং টু স্টে লং) |
| কৰিতা– | তোমাক বেচি পৰ | No, I shall not detain you long. |

নাৰাখো। এই ওচৰতে আমাৰ ঘৰ। মাত্ৰ তিনি মিনিখৰ বাট। তোমাক দেখি মাই বৰ আনন্দ পাব।

Here nearby is the house. It is three minutes walk, that's all. Mother will be very much pleased to see you.
(ন' আই টেল নট ডিটেইন ইউ লং। হিয়াৰ নিয়াৰবাইইজ দি হাউচ। ইট ইজ থ্ৰী মিনিটচ ওৱাক। দেটচ অল মাদাৰ উইল বি ভেৰি প্লিজড টু চি ইউ)

গীতা– আজি কালি তুমি কি কৰিছা ?

What are you doing these days?
(হোৱাট আৰ ইউ ডুইং দিজ ডেইজ ?)

কৰিতা–বিশেষ একো কৰা নাই।

Nothing special.
(নথিং স্পেশাল)

গীতা– তথাপিও তুমি কিবা এটা কৰিছা। তুমি এনেহুৱা হে বহি থকা ছোৱালী নহয়।

Even then you must be doing something. You are not a soul to sit idle. (ইভেন দেন ইউ মাস্ট বি ডুইং চাম থিং। ইউ আৰ নট এ চ'ল টু-চিট আইডল)

কৰিতা–মই জাৰ্মান ভাষাত ডিপ্লোমা কৰিছোঁ।

I am doing diploma in German language. (আই এম ডুইং ডিপ্লোমা ইন জাৰ্মান লেঙ্গুৱেজ)

গীতা– কেতিয়াৰ পৰা ? এইটো কৰাৰ প্ৰয়োজনীয়তা কি ?

Since when? What is the necessity of it? (চিন্স হোৱেন ? হোৱাট ইজ দি নেচেচিটি অফ ইট ?)

কৰিতা– এটা উদ্দেশ্যৰ কাৰণে এইটো কৰিছোঁ।

I'm doing it with a purpose.
(আয়ম ডুইং ইট উইথ এ পাৰপাচ)

গীতা– তেন্তে মোক কোৱা। লুকোৱাৰ কি আছে ?

Then tell me. What is there to hide in it.
(দেন টেল মি। হোৱাট ই দেয়াৰ টু হাইড ইন ইট)

কৰিতা– বাৰু কৈছোঁ। কথাটো হ'ল...

O.K. I tell you. The thing is this...
(অ' কে। আই টেল ইউ। দি থিং ইজ...)

গীতা– আৰে ৰখি গ'লা কিয় ?

O! Why have you stopped? Tell me, What's the matter?
(ও ! হোৱাই হেভ ইউ স্টপ্‌ড ? হোৱাটচ দি মেটাৰ ?)

| | | |
|---|---|---|
| কবিতা– | সোনকালেই মোৰ বিয়া হ'ব। ভাবী দৰা জাৰ্মানীত থাকে আৰু তাত তেওঁ এজন অভিযন্তা। | I'm going to be married. The would be husband is in Germany and is an engineer there. (আয়ম গইং টু বি মেৰিড দি উদ বি হাচবেণ্ড ইজ্ ইন জাৰ্মেনী এণ্ড ইজ এন ইঞ্জিনীয়াৰ) |
| গীতা– | এই কথা! এই কাৰণেই তুমি কবলৈ লাজ কৰিছিলা। তোমালোকৰ কেতিয়া বাগদান হ'ল? | This is the affair. That's why you were feeling shy. When were you engaged? (দিচ ইজ দি এফেয়াৰ। দেটচ হোৱাই ইউ উৱেৰ ফিলিং ছাই। হোৱেন উৱেৰ ইউ এঙ্গেজ্‌দ?) |
| কবিতা– | যোৱা বছৰ মাৰ্চ মাহত। এইবাৰ তুমি তোমাৰ বিষয়ে কোৱা। তুমি কি কৰিছা? | Last year in the month of March. Now, you tell me about yourself. What are you doing? (লাস্ট ইয়াৰ ইন দি মাহ অফ মাৰ্চ। নাও, টেল মি এবাউট ইয়ৰ চেল্ফ। হোৱাট আৰ ইউ ডুইং?) |
| গীতা– | মই এটা কোম্পমানীত চেক্ৰেটাৰী পদত কাম কৰোঁ। | I am working as a Secretary in a Company. (আই এম ওৱাৰ্ক এজ এ চেক্ৰেটেৰী ইন এ কোম্পানী) |
| কবিতা– | বৰ চালাক, এতিয়াও মোক কোৱা নাই। | You are very clever, did not even inform. (ইউ আৰ ভেৰি ক্লেভাৰ, ডিডনট ইভেন ইনফৰ্ম মি) |

# 39

# জন্ম দিনত

## ON BIRTHDAY (অন বাৰ্থ ডে)

| | |
|---|---|
| মা– সুৰেশ এতিয়াও ঘূৰি নাহিল। তোমালোকৰ দেৰি হৈ গৈছে। | Why has Suresh not returned yet? You are getting late. (হোৱাই হেজ সুৰেশ নট ৰিটাৰ্ণড ইয়েট- ইউ আৰ গেটিং লেট) |
| নীৰা– সি এতিয়াই ঘূৰি আহিব। | He will just be back mother. (হি উইল জাস্ট বি বেক মাদাৰ) |
| মা– কিন্তু সি কলৈ গৈছে ? | But where has he gone? (বাত হুৱেৰ হেজ হি গন ?) |
| নীৰা– গীতাৰ কাৰণে এটা উপহাৰ কিনিবলৈ সি বজাৰলৈ গৈছে। | He has gone to the market to buy a present for Geeta. (হি হেজ গন টু দি মাৰ্কেট টু বাই এ প্ৰেজেন্ট ফৰ গীতা) |
| মা– তোমালোকৰ আগতে কথাটো মনত নাছিল নে ? | Didn't you remember this before? (ডিড্‌ন্ট ইউ ৰিমেম্বাৰ দিচ বিফ'ৰ) |
| নীৰা– আছিল কিন্তু গীতাৰ কাৰণে উপযুক্ত বটাটো যোৱা কালি আমি বিচাৰি নাপালোঁ। | Yes, but we couldn't find anything suitable for Geeta yesterday. (ইয়েচ, বাত উই কুডনট ফাইণ্ড এনিথিং চুইটেবল ফৰ গীতা ইয়েচটাৰডে) |
| মা– আমি তাইক বীৰেন্দ্ৰ কুমাৰ ভট্টাচাৰ্যৰ তিনি খন উপন্যাসৰ এটা চে'ট দিম। | Then what have you thought to give her? (উহ.আৰ গিভিং হাৰ এ চে'ট অফ থ্ৰি নভেলচ অফ বীৰেন্দ্ৰ কুমাৰ ভট্টাচাৰ্য) |
| মা– বাঃ এইটো বৰ ভাল বুদ্ধি। এইটো কোনে ভাবিলে। | Oh! This is a very good idea. Who thought it? (ওহ্! দিচ ইজ এ ভেৰি গুড আইডিয়া। হু থট অফ ইট ?) |
| নীৰা– এইটো সুৰেশৰ বুদ্ধি- সি জানে যে গীতাৰ সাহিত্যৰ প্ৰতি গভীৰ ধাউতি আছে।ম | It was Suresh's idea. He knows that Geeta is keenly interested in literature. |

| | |
|---|---|
| | (ইট ওৱাজ চুৰেশ'চ আইডিয়া। হি ন'জ দেট গীতা ইজ কিনলি ইণ্টাৰেষ্টেড ইন লিটাৰচাৰ) |
| মা– ভাল কথা। এতিয়া লৰালৰি কৰ। তইঁতে যদি সময়মতে তালৈ নাযাৱ তাইৰ মনটো বৰ বেয়া হব। | All right, now you hurry up. If you don't reach in time, she would feel bad. (অল ৰাইট। নাও হাৰি আপ. ইফ ইউ ডণ্ট ৰিচ ইন টাইম, চি উলি ফিল বেড) |
| নীৰা– অ' মা, চোৱা সুৰেশ আহি গল। আমি এতিয়া যাম। | O.K. Mummy, see Suresh has come. We are going now. (অ.কে. মাম্মী। চি সুৰেশ হেজ কাম। উই আৰ গইং নাও) |
| (গীতাৰ ঘৰত) | At Geeta's house. (এট গীতাজ হাউচ) |
| গীতা–আৰে যে নীৰা আৰু সুৰেশ। ভালনে ? | Hello, Neera and Suresh! How are you? (হেল'. নীৰা এণ্ড সুৰেশ ! হাও আৰ ইউ ?) |
| নীৰা–শুভ জন্মদিন, গীতা ! | Happy birthday to you Geeta. (হেপি বাৰ্থডে টু ইউ, গীতা !) |
| সুৰেশ–শুভ জন্ম দিন গীতা- | Many happy returns of the day. (মেনি হেপ ৰিটানচ্ অফ্ দি ডে) |
| গীতা–এই শুভকামনাৰ কাৰণে তোমালোক দুয়োজনকে ধন্যবাদ। | Thanks, to both of you for these good wishes. (থেঙ্কচ টু বোথ অব ইউ ফৰ দিজ গুড উইচেচ) |
| সুৰেশ–গীতা, তোমাক আজি বৰ সুন্দৰ লাগিছে। এই পোছাক-মোৰে তোমাক বৰ সুন্দৰ দেখুৱাইছে। | Geeta, you are looking so charming today. This attire suits you perfectly. (ইয়েচ, গীতা ইউ আৰ ইনডিড লুকিং ভেৰি প্ৰেট্টি টুডে) |
| নীৰা–হয় গীতা তোমাক আজি বৰ সুন্দৰ লাগিছে। | Yes, Geeta you are indeed looking very pretty today. (ইয়েচ, গীতা ইউ আৰ ইনডিড লুকিং ভেৰি প্ৰেট্টি টুডে) |
| গীতা–ধন্যবাদ, আঁহা ভিতৰলৈ | Thanks, now let us move inside. |

যাওঁ।

(থেঙ্কচ্ নাও লেট আচ মুভ ইনচাইড)

সুৰেশ–এই চোৱা, তোমাৰ কাৰেণ এটা উপহাৰ।

Here is a special gift for you.
(হিয়াৰ ইজ এ স্পেচিয়েল গিফট্ ফৰ ইউ)

গীতা–এইটো কি?

What's it? (হোৱাটচ ইট?)

মীৰা–নিজেই খুলি চোৱা।

Unpack it your self and see.
(আনপেক ইট ইয়ৰচেল্ফ এণ্ড চি)

গীতা–আৰে! বীৰেন্দ্ৰ কুমাৰ ভট্টাচাৰ্যৰ উপন্যাস! তেওঁ মোৰ প্ৰিয় ঔপন্যাসিক আৰু 'মৃত্যুঞ্জয়' মোৰ পাঠ্যক্ৰমতো আছে।

Oh! Novels of Birrendra Kumar Bhattacharya. He is my favourite nvelist and 'Mritunjay' is also precribed in my course.
(ওহ! নভেলচ অফ বীৰেন্দ্ৰ কুমাৰ ভট্টাচাৰ্য্য! হি ইজ মাই ফেভাৰিট নভেলিস্ট এণ্ড মৃত্যুঞ্জয় ই অলচ' প্ৰেচক্ৰাইবড্ ইন মাই ক'ৰ্চ)

সুৰেশ–তেন্তে কিতাপ কেইখন তোমাৰ পছন্দ হৈছে?

So you like the books?
(চ' ইউ লাইক দিদ বুকচ?)

গীতা–নিশ্চয়ই, বৰ পছন্দ হৈছে। এই বিশেষ উপহাৰৰ কাৰণে বিশেষ ধন্যবাদ।-

Yes, very much. Special thanks for this special gift.
(ইয়েচ, ভেৰি মাচ। স্পেচিয়েল থেঙ্কচ ফৰ দিচ স্পেচিয়েল গিফট্)

নীৰা–আৰু মানুহ বিলাক ক'ত?

Where are the all others.
(হুৱেৰ আৰ অল আদাৰ্চ?)

গীতা–সকলোৱে ভিতৰত অপেক্ষা কৰিছে। এতিয়া তোমালোক দুয়োজন আঁহা আৰু সামান্য চাহ আৰু জলপান খোৱা।

All are waiting inside. Now you two also come and have some refreshments.
(অল আৰ ওৱেটিং ইনচাইড। নাও ইউ টু অলচ' কাম এণ্ড হেড চাম ৰিফ্ৰেচমেন্ট)

# 40

# যৌতুক প্ৰথা

## DOWRY SYSTEM (ডাউৰি চিস্টেম)

| | |
|---|---|
| পুনম– আমাৰ সমাজত এতিয়াও কিমান অন্ধ বিশ্বাস আৰু কুৰীতি হৈছে। | Still there are so many superstition and social evils in our society. (স্টিল দেয়াৰ আৰ চ' মেনি চুপাৰস্টিশ্বনচ এণ্ড চোচিয়েল ইভিলচ ইন আৱাৰ চোচাইটি) |
| ৰেখা– বিজ্ঞানৰ ইমান অগ্ৰগতি সত্ত্বেও। | In spite of so much scientific advancement. (ইন স্পাইট অফ চ' মেনি চাইন্টিফিক এডভান্সমেণ্ট) |
| শ্যাম– মোৰ মতে যৌতুক প্ৰথা আটাইতকৈ ডাঙৰ সামাজিক | I think dowry system is the worst social evil. (আই থিঙ্ক ডাউৰি ইজ দি ওৱৰ্স্ট চোচিয়েল ইভিলম ) |
| ৰেখা– তাত অলপো সন্দেহ নাই। আমাৰ সমাজৰ মূৰত এইটো আটাইতকৈ ডাঙৰ কলঙ্ক। | There is no doubt in it. This is the biggest disgrace on the forehead of our society. (দেয়াৰ ইজ ন' ডাউট ইন ইট। দিচ ইজ দি বিগেস্ট ডিচগ্ৰেচ অন) |
| পুনম–যোৱা কেইবছৰ মানৰ পৰা অনেক ধ্বংসত্মক ঘটনা ঘটি আহিছে। প্ৰত্যেক দিনেই বাতৰি কাকতত যৌতুকৰ কাৰণে মৃত্যুৰ খবৰ পোৱা যায়। | For the last few years, it has caused havoc. Every day in the news-papers there is news of dowry deaths. (ফৰ দি লাস্ট ফিউ ইয়াৰ্চ ইট হেভ কজড হেভক। এভৰি ডে, ইন দি নিউজ অফ ডাউৰি ডেথচ) |
| শ্যাম– ছোৱালী বোৰৰ মাক দেউতাকৰ জীৱন দুঃখপূৰ্ণ হৈ উঠিছে। নিজৰ ছোৱালীৰ লগত ধন সম্পত্তি দিয়া সত্ত্বেও ছোৱালী শান্তিত থকা নাই। | The Life of the parents of the girls has become distress stricken. Give daughters and wealth also and even then the daughter is not in peace. (দি লাইফ অফ দি পেৰেন্টচ অব গাৰ্লচ হেজ বিকাম ডিচট্ৰেচ স্ট্ৰাইকেন।) দে গিভ ডটাৰ উইথ মানি এণ্ড প্ৰপাৰ্টি এণ্ড ইভেন দেন দি ডটাৰচ আৰ নট ইন পিচ) |

| | |
|---|---|
| পুনম– এনেকুৱা এটা সময় আছিল যেতিয়া যৌতুক আছিল স্বেচ্ছাকৃত। আজিকালি সেইটো এটা পাপত পৰিণত হৈছে। ইয়াক পাপ নকৈ কুষ্ঠ ৰোগ কোৱা উচিত। | There was a time when it was voluntary. These days it has become a necessary evil. Call it leprosy not evil. (দেয়াৰ ওৱাজ টাইম হোৱেন ইট ওৱাজ ভলেনটেৰী। দিজ ডেইজ ইট হেজ বিকাম এ নেচেচাৰী ইভিল। কল ইট লেপৰচি, নট ইভিল) |
| ৰেখা– কিন্তু এতিয়া প্ৰশ্ন হ'ল– এই সামাজিক কলঙ্কক নিঃশেষ কেনেকৈ কৰা যায়। | But now the question is how to efface this social slur. (বাত নাও দি কুয়েশ্বন ইজ হাও টু ইফেচ দিছ চোচিয়েল শ্লাৰ?) |
| শ্যাম– চৰকাৰে যৌতুক প্ৰথা বিৰোধী অভিযান চলাই গৈছে। যৌতুক দিয়া বা লোৱা এয়া অপৰাধও কিন্তু এই ৰোগ বেচিয়েই | Government is running the anti-dowry movement. Taking and giving of dowry is also a crime but the disease is on the increase. (গৱৰ্নমেণ্ট ইজ ৰানিল দি এণ্টি ডাউৰি মুভমেণ্ট। টেকিং এণ্ড গিভিং অফ ডাউৰি ইজ অলচ' এ ক্ৰাইম বাত দি ডিজিজ ইজ অন দি ইনক্ৰিজ) |
| পুনম– অকল আইনৰ দ্বাৰা সকলো সমাধান নহয়। এইটো এটা সামাজিক সচেতনতাৰ প্ৰশ্ন। | Only laws are none of much avail. It is a matter of social consciousness. (অনলিলজ আৰ নট অফ মাচ এভেইল। ইট ইজ এ মেটাৰ অফ চোচিয়েল কনচাচ নেচ) |
| শ্যাম– তুমি ঠিক কথা কৈছা। এইটো অতি লাজ লগা পৰিস্থিতি। অতি বেচি দাম দাম নিদিলে ছোৱালীৰ কাৰণে যোগ্য দৰা পোৱা বৰ টানহৈ পাৰছে। | You are right. It is very disgraceful situation. It has become difficult to find a suitable match for a girl without paying a high price. (ইউ আৰ ৰাইট। ইট ইজ ভেৰী ডিচগ্ৰেচকুল চিটুৱেশ্বন। ইট হেজ বিকাম ডিফিকাল্ট টু ফাইণ্ড চুইটেবল মেচ ফৰ এ গাৰ্ল উইদাউট পেয়িং হাই প্ৰাইচ) |
| ৰেখা– যৌতুকৰ কাৰণে অসংখ্য পৰিয়াল ধ্বংস হৈ গৈছে। হাজাৰ-হাজাৰ ছোৱালী অবিবাহিতা হৈ আছে | Innumerable homes have been ruined because of dowry. Thousands of girls remain unmarried and many commit |

| | |
|---|---|
| আৰু অসংখ্য ছোৱালীয়ে আত্ম-হত্যা কৰিছে। | suicide. (ইন-নিউমাৰেবল হোমচ হেড বিন ৰুইনড বিকজ অব ডাওৰি। থাউজেণ্ডচ অফ গাৰ্লচ ৰিমে'ন আনমেৰিড এণ্ড মেনি কমিট চুইচাইড) |
| পুনম– এই দেশখনৰ একমাত্র ডেকা বোৱেই এই পাপক ভালদৰে নিবাৰণ কৰিব পাৰে। | Only the youth of the country can very well dispose of this evil. (অনলি দি ইউথ অফ দি কাণ্ট্ৰি কেন ভেৰি ওৱেল ডিচপ'জ অফ দিজ ইভিল) |
| শ্যাম– অনেক যুৱক-যুৱতী আগ বাঢ়ি আহিছে আৰু প্রতিজ্ঞা কৰিছে যে তেওঁ লোকৰ বিয়াত তেওঁলোকে যৌতুক গ্রহণ নকৰিব। | Many young boys and girls are coming forward and taking pledges that they would not accept dowry at their marriage. (মেনী ইয়ং বইজ এণ্ড গাৰ্লচ আৰ কামিং ফৰওৱাৰ্ড এণ্ড টেকিং প্লেজে দেট দে উদ নট একচেপ্ট ডাউৰি এট দেটাৰ মেৰেজেচ) |
| পুনম– এই অন্ধকাৰত যুৱক সকলেই একমাত্র আশাৰ কিৰণ। | Only the young people are a ray of hope in this darkness. (দি ইয়ং পিপল আৰ এ ৰে অফ হ'প ইন দ্চি ডাৰ্কনেচ) |
| ৰেখা– যদি প্রত্যেক যুৱক আৰু যুৱতীয়ে এই অশুভ কথাটো বুজে তেন্তে ইয়াক আজিয়েই নির্মূল কৰিব পাৰি। | If every young boy and girl under stand this evil, then it can be rooted out today. (ইফ এভৰিইয়ং বয় এণ্ড গাৰ্ল আণ্ডাৰ ষ্টেণ্ড দ্চি ইভিল, দেন ইট কেন বি ৰুটেড আউট টুডে) |
| শ্যাম– এই অভিশাপৰ বিৰুদ্ধেতো এখন ধর্ম-যুদ্ধ আৰম্ভ কৰা উচিত। | There is a need to start a crusade against this curse. (দেয়াৰ ইজ এ নীড টু ষ্টাৰ্ট এ ক্রুচেড এগেষ্টচ দ্চি কাৰ্চ ) |
| সকলোৱে–হয়, আমি সকলোৱে প্রতিজ্ঞা কৰিছোঁ যে সকলো স্তৰত আমি যৌতুকৰ বিৰোধিতা কৰিম আৰু আমি আমাৰ বিয়াত যৌতুক নিদিম আৰু নল'ম। | Yes, we all take the pledge to oppose the dowry at all levels and we shall neither take or give dowry at the time of our marriage. (ইয়েচ উই অল টেক দি প্লেজ টু অপ'জ দি ডাউৰী এট অল লেভেল এণ্ড উই চেল নাইদাৰ টেক অৰ গিভ ডাউৰি এট দি টাইম অফ আৱাৰ মেৰেজ) |

# 41

# বিজ্ঞান প্ৰসঙ্গত

## SCIENCE TALK (চাইন্স টক)

| | | |
|---|---|---|
| ৰূপা– | বিজ্ঞানৰ কিমান অগ্ৰগতি হৈছে ! যোৱা কালি মই অষ্ট্ৰেলিয়াত আছিলোঁ আৰু আজি ইয়াত। | How much science has progressed! Yesterday I was in Australia and today here. (হাও মাচ চাইন্স হেজ প্ৰগেচড ! ইয়েস্টাৰ ডে আই ওৱাজ ইন অষ্ট্ৰেলিয়া এণ্ড টুডে হিয়াৰ) |
| নিশা– | মানুহে মহাকাশ জয় কৰিছে। মানুহ চন্দ্ৰলৈকো গৈছে। | Man has conquered space. Man has been on the moon too. (মেন হেজ কংকাৰ্ড স্পেচ। মেন হেজ বিন অন দি মুন) |
| ৰীতা– | আধুনিক যুগক সচাকৈয়ে বিজ্ঞানৰ যুগ কোৱা হয়। | The modern age has rightly been called the age of science. (দি মৰ্ডন এজ হেজ ৰাইটলি বিন কলড্ দি এজঅফ চাইন্স) |
| নিশা– | নিশা বিজ্ঞানে পৃথিৱীৰ চেহেৰা বদলাই দিছে। পৃথিৱীখন বৈজ্ঞানিক আচৰিত বস্তুৰে ভৰপূৰ। | Science has changed the face of the world completely. The world is full of scientific wonders. (চাইন্স হেজ চেঞ্জড্ দি ফেচ অফ দি ওৱৰ্লড কমপ্লিটলি। দি ওৱলৰ্ড ইজ ফুল. অফ চাইন্টিফিক অণ্ডাৰ্চ) |
| ৰূপা– | যদি মোৰ ককা-দেউতা আকৌ জীৱিত হৈ আহে. তেওঁ এই পৃথিৱীখনক চিনিব নোৱাৰিব। | If my grand-father happen to be alive he would not recognise this world. (ইফ মাই গ্ৰেণ্ড ফাদাৰ হেপেনচ টুবি এলাইভ এগেন হি উইল নট ৰিকগনাইজ দিচ ওৱৰ্লড্) |
| ৰীতা– | জীৱন কিমান আৰামদায়ক হৈ গ'ল! বিজুলী কি আচৰিত উপহাৰ। | Life has become so comfortable. What a wonderful gift is electricity. (লাইফ হেজ বিকামচ কমফৰটেবল) হোৱাট এ ওৱাণ্ডাৰফুল গিফট ইজ ইলেকট্ৰিচিটি) |

| | |
|---|---|
| ৰূপা– ই আমাৰ ঘৰ আলোকিত কৰে ইয়াৰ দ্বাৰা ৰেলগাড়ী চলে আৰু ঘৰৰ অনেক কামো ইয়াৰ দ্বাৰা হয়। | It light our houses, trains are run with its help and many domestic works are done with it. (ইট লাইট্চ আৱাৰ হাউচেচ, ট্ৰেইনচ আৰ ৰান উইথ ইট্চ হেল্প এণ্ড মেনি ডমেষ্টিক ওৱৰ্কচ আৰ ডান উইথ ইট) |
| নিশা– দ্রুত গতি যোগাযোগ ব্যৱস্থাও বিজ্ঞানৰ অৱদান আজিকালি ভ্ৰমণ কৰা আৰামজনক। | The fast means of communication are also the gift of science. Travelling has become very comfortable now. (দি ফাষ্ট মীনচ অফ কমিউনিকেচন আৰ অলচ' দি গিফট অফ চাইন্স। ট্ৰেভেলিং হেজ বিকাম ভেৰি কমফৰ্টেবল নাও) |
| ৰূপা– বিমান-টেলিভিশ্বন, ৰেডিঅ' আদি সকলো বিজ্ঞানৰ দান। | Aeroplanes, television, radio etc. all are the gifts of science. (এৰোপ্লেন, টেলিভিশ্বন ৰেডিঅ' এটচেট্ৰা অল আৰ দি গিফ্ট্চ অফ চাইন্স) |
| ৰীতা– অনেক মাৰাত্মক ৰোগ আছিল। সেই ৰোৰ সকলো নিয়ন্ত্ৰণ কৰা হৈছে। আৰু হৈ গৈছে। | Many dangerous diseases were there. They all have been controlled. They all have been eradicated. (মেনী ডেঞ্জাৰাস ডিজিজেস উৱেৰ দেয়াৰ। দে অল হেভ বীন কণ্ট্ৰোলড। মেনী হেভ বীন ইৰাডিকেটেড) |
| ৰূপা– বসন্ত ৰোগৰ নাম এতিয়া শুনাই নাযায়। অনেক মহামাৰী ৰোগ নিৰ্মূল হৈছে। | Where is the name of small-pox is heard now? Epidemics too have been eradicated. (হুৱেৰ ই দ্য নেম অফ স্মল-পক্স হাৰ্ড নাউ ?) |
| নিশা– কিন্তু এটা কথা আছে। জীৱনটো বৰ আৰামদায়ক কিন্তু ইয়াক আমি সুখী বুলি ক'ব নোৱাৰোঁ। | But there is one thing. Life is full of comforts but we cannot call it happy. (বাট দেয়াৰ ইজ ওৱান থিং। লাইফ ইজ ফুল অফ কম্ফৰ্টচ, বাট উই কেন নট কল ইট হেপি) |

| | | |
|---|---|---|
| ৰীতা– | এইটো হ'ল সত্যাৰ আন দিকটো। বিজ্ঞান জীৱনক সহজ কৰিছে কিন্তু জটিলতাও বাঢ়িছে। | This is the other side of the truth. Science has made life easy, But complications have increased. (দিচ ইজ দি আদাৰ চাইড অফ দি ট্ৰুথ। চাইন্স হেজ মেড লাইফ ইজি বাট কম্প্লিকেশ্বনচ হেভ ইনক্ৰিজড) |
| ৰূপা | ই আমাক এটম বোমাৰ নিচিনা মাৰাত্মক অস্ত্ৰ দিছে। হিৰোচিমা আৰু নাগাচাকিৰ দুঃখপূৰ্ণ ঘটনা আমি কেতিয়াও পাহৰিব নোৱাৰোঁ।- | It has given us fatal arms like atom-bomb. We can never forget the tragedy of Hiroshima and Nagasaki. (ইট হে গিভন আচ ফেটাল আৰ্মচ লাইক এটোম বম। উই কেন নেভাৰ ফৰগেট দি ট্ৰাজেডি অফ হিৰোচিমা এণ্ড নাগাচাচ) |
| ৰীতা– | যদি তৃতীয় বিশ্ব যুদ্ধ লাগে তেন্তে গোটেই পৃথিৱী ধ্বংস হৈ যাব | If there is the Third world War the whole world would be destroyed. (ইফ দেয়াৰ ইজ থাৰ্ড ওৱৰ্লড ওৱাৰ, দি হ'ল ওৱৰ্লড উদ বী ডেস্ট্ৰইড) |
| নিশা– | কিন্তু বিজ্ঞানৰ ইয়াত কোনো দোষ নাই। মানুহেহে ইয়াক এনে ভাবে ব্যৱহাৰ কৰিছে। | But science is not to blame. It is man himself who makes its use thus. (বাট চাইন্স ই নট টু বি ব্লেমড। ইড ইজ মেন হিম চেল্ফ) |
| ৰূপা– | এই কাৰণেই কোৱা হয় যে | That's why it has been said that science is a good servant but a bad master. (ডেটাচ হোৱাই ইট হেজ বীন চেদ দেট চাইন্স ইজ এ গুড চাৰ্ভেন্ট বাত এ বেড মাষ্টাৰ) |
| ৰীতা– | ৰাজনৈতিক নেতা সকলৰ অভিশাপ একেলগে দুয়োটো। | Science is both a blessing and a curse. (চাইন্স ইজ বোথ এ ব্লেচিং এণ্ড এ কাৰ্চ) |
| নিশা– | ৰাজনৈতিক নেতা সকলৰ হাতত পৰি বিজ্ঞান ধ্বংসৰ কাৰণ হৈ উঠিব- | Science will become an instrument of destruction by falling in the hands of political leaders. (চাইন্স উইল বিকাম এন ইনস্ট্ৰুমেন্ট অফ ডেস্ট্ৰাকশ্বন বাই ফলিং ইন দি হেণ্ডচ অফ পলিটিকেল লীডাৰ্চ) |

# শ্ৰেণীকৃত শব্দাৱলী

## *Classified Glossary* (ক্ল্যাচিফাইড গ্লচাৰী)

### 1. Parts of the Body শৰীৰ অঙ্গ প্ৰত্যঙ্গ

limb অঙ্গ
toe (ট') আঙুলি
finger (ফিংগাৰ) আঙুলি
thumb (থাম্ব) বুঢ়া আঙুলি
eye (আই) চকু
intestine (ইন্টেচটাইন) অন্ত্ৰ
heel (হিল) গোৰোহা
lip (লিপ) ওঠ।
shoulder (চল্ডাৰ) কান্ধ
temple (টেম্পল) কুম
waist (ওৱেষ্ট) হাতৰ সৰু গাঠি
wrist (ৰিস্ট) হাতৰ সৰু গাঠি
ear (ইয়াৰ) কাণ
little-finger (লিটল ফিংগাৰ) সৰুআঙুলি
armpit (আৰ্মপিট) কাযলতি
elbow (এলব) কিলাকুটি
skull (স্কাল) লাওখোলা
ankle bone (এংকল বোন) ভৰিগাঠি হা
neck (নেক) ডিঙি
womb (উম্ব) গৰ্ভ
uterus (ইউটেৰাচ) গৰ্ভাশয়
whiskers (হুইচকাৰ) গালপতা
throat (থ্ৰোট) গল
cheek (চীক) গাল
anus (এনাচ) গুহ্যদ্বাৰ
nape (নেপ) ডিঙিৰ সন্ধি
kidney (কিডনি) মূত্ৰ গ্ৰন্থি
lap (লেপ) কোলা
gland (গ্লেন্ড) গ্ৰন্থি
knee (নি) আঠু
skin (স্কিন) ছাল
teat (টিট) পিয়াহৰ মূৰ
buttocks (বাটকচ) টিকা
face (ফেচ) মুখমণ্ডল
chest (চেষ্ট) পুৰুষৰ বুকু
breast (ব্ৰেস্ট) পিয়াহ স্তন
jaw (জ) দাঁতৰ তলৰ হাৰ
thigh (থাই) কৰঙ্গান
liver (লিভাৰ) আগমঙ্গাহ
tongue (টাং) জিভা

bone (বোন) হাড়
palm (পাম) হাতৰ তলুৱা
collar bone (কলাৰ বোন) কান্ধৰ হাড়
hand (হেন্ড) হাত
heart (হাৰ্ট) হৃদয়
penis (পেনিচ) লি
wind pipe (উইন্ড পাইপ) উশাহনলী
head (হেড) মূৰ
joint (জয়েন্ট) জোড়
chin (চিন) থুতৰী
ankle (এংকল) ভৰিৰ গাঠি
leg (লেগ) ভৰি
index finger (ইনডেকস ফিংগাৰ) তৰ্জনী
sole (চল) ভৰি তলুৱা
palate (পেলেট) তালু
spleen (স্প্লিন) প্লীহা
teeth (টুথ) দাঁত
grinder (গ্ৰাইন্ডাৰ) চোবোৱা
beard (বেয়াৰ্ড) দাড়ি
brain (ব্ৰেন) মস্তিষ্ক
trunk (ট্ৰাংক) শুদা শৰীৰ
artery (আৰ্টাৰি) তেজচলা সিৰ, নাড়ী
nail (নেইল) নখ
nostrils (নস্ট্ৰিল) নাকৰ বিন্ধা
vein (ভেইন) শিৰ
nose (নজ) নাক
pulse (পালচ) নাড়ী
naval (নেভেল) নাই
eyelid (আইলিড) চকুৰ পতা
rib (ৰিব) কামীহা
stomach (পাকস্থলী)
foot (ফুট) ভৰি
calf-leg (কাফ লেগ) ঠেং
pupil (পিউপিল) চকুৰ মণি
muscle (মাচল) আহপাহ
lung (লাং) হাঁওফাঁহ
arm (আৰ্ম) বাহু
hair (হেয়াৰ) চুলি
vagina (ভেজিনা) যোনি
eye brow (আই ব্ৰো) চেলাউৰি

urinary bladder (ইউৰিনেৰি ব্লাডাৰ) মূত্ৰাশয়
moustache (মোচটাচ) গোঁফ
backbone (বেকবন) মেৰুদণ্ড
hair (হেয়াৰ) চুলি
pore (পৰ) লোমকূপ
forehead (ফৰহেড) কপাল
blood (ব্লাড) তেজ
saliva (চালাইভা) লালটি
eye-lash (আইলেচ) চকুৰ পতা
embryo (এমব্ৰায়ো) ভ্ৰূণ
middle finger (মিডল ফিংগাৰ) মধ্যমা
gum (গাম) দাঁতৰ আলু
forehead (ফৰহেড) কপাল
mouth (মাওথ) মুখ
fist (ফিস্ট) হাতৰ মুঠি

## 2. Ailments ৰোগ, (এইলমেন্টচ)

hydrocle (হাইড্ৰ'চিল) অন্ডকোষ বৃদ্ধি
blindness (ব্লাইন্ডনেচ) অন্ধ অৱস্থা
indigestion (ইনডাইজেচন) অজীর্ন
acidity (এচিডিটি) অম্লৰোগ
diorrhoea (ডাইৰিয়া) অতিসাৰ
syphilis (চিফিলিচ) উপদংশ
migraine (মাইগ্ৰেন) অৰ্দ্ধশিৰ পীড়া
paralysis (পেৰেলাইচিচ) পক্ষাঘাত
fracture (ফ্ৰেকচাৰ) হাড়ভ
nausea (নশ্বিআ) ওকালি
mumps (মাম্পচ) পিঠা খোৰা
phlegm (ফ্লেম) কফ
vomiting (ভমিটিং) বমি, ওকালি
constipation (কনষ্টিপেশ্বন) কোষ্ঠকাঠিন্য
cancer (কেঞ্চাৰ) কৰ্কট ৰোগ
leprosy (লেপ্ৰচি) কুষ্ঠ
measles (মিজলচ) সৰু আই
cough (কাফ) কাহ
scabies (স্কেবিজ) খহু
itch (ইচ্চ) খজুলি
anemia (এনিমিয়া) ৰক্তহীনতা
bleeding (ব্লিডিং) ৰক্তপাত
gout (গাউট) গাঠিৰ বিষ
whitlou (হুইটল) গঁঠিয়া বেমাৰ
abortion(এবৰচন)গৰ্ভপাত
sore throat (চ'ৰ থ্ৰট) ডিঙিৰ ঘা
epitexis (এপিটেকিসচ) এপিটেকিসচ
sinus (চাইনাচ) চাইনাচ
nocrolepsy (নক্ৰ'লেপচি) নিদ্ৰাৰোগ
insomnia (ইনচোমনিয়া) অনিদ্ৰা
pneumonia (নিউমোনিয়া) লেং বেমাৰ, জ্বৰ
sterilization (ষ্টেৰিলাইজেচন) বন্ধ্যাকৰণ
cacule (ককূলি) পাথৰ ৰোগ
insanity (ইনসেনিটি) পাগলাপন
eczema (একজিমা) বেচু, চৰ্মৰোগ
jaundice (জন্দিচ) পাণ্ডুৰোগ
pus (পাচ) পূঁজ
dysentery (ডিচেনটেৰী) গ্ৰহণী বেমাৰ
leucorrhoea (লিউ'কৰিয়ে) শ্বেত প্ৰদৰ ৰোগ
plague (প্লে'গ) মহামাৰী
pimple (পিম্পল) ব্ৰণ
boil (বইল) ফোঁহা
cough (কফ) কাহ
piles (পাইলচ) অৰ্শৰোগ
fistula (ফিস্তিউলা) ভগন্দৰৰোগ
hunger (হাংগাৰ) ভোক .
dyspepsia (ডিচপেপচিয়া) অজীৰ্ণতা
diabetes (ডায়বেটিচ) বহুমূত্ৰ ৰোগ
malaria (মেলেৰিয়া) মেলেৰীয়া জ্বৰ
wart (ওৱাৰ্ট) কাঠ আচিনাই
epidemic (এপিডেমিক) সংক্ৰমক ৰোগ
epilepsy (এপিলেপ্চি) মৃগীৰোগ

tumour (টিউমাৰ) গাঙঠি
wound (উন্ড) ক্ষত
giddiness (গিডিচে) মূৰ-ঘূৰণি
hurt (হার্ট) আঘাত
smallpox (স্মলপকস) বৰ আই, বসন্ত ৰোগ
sneeze (স্নীজ্) হাঁচি
dropsy (ড্রপ্‌চি) শোথ ৰোগ
bad cold (বেড কোল্ড) চৰ্দি
ague (এগিউ) কঁপনি জ্বৰ
fever (ফিভাৰ) জ্বৰ
asthma (এজমা) হাঁপানি
pain (পেইন) বিষ
ringworm (ৰিং ওৰ্ম) খৰ

fainting (ফেইন্টিং) মূৰ্চ্ছা
cataract (কেটেৰেকট) চকুনমা বেমাৰ
sun stroke (চান্‌স্ট্ৰ'ক্) ৰ'দত বিমূৰ্চ্ছিত হোৱা বেমাৰ
tuberculosis (টিউবাৰকিউলিচচ্) ধবলকুষ্ঠ
smallpox (স্ম'ল পকস) গুটিবচন্ত
lucoderma (লিউকদেৰ্মা) ধবলকুষ্ঠ
headache (হেডেক) মূৰৰ বিষ
swelling (চোৱেলিং) উখহা, ফুলা
gonorrhea (গনোৰিয়া) প্ৰমেহা ৰোগ
elephant feet (এলিফেন্ট) গোধা বেমাৰ
hiccup (হিককাপ) হিকটি
cholera (কলেৰা) হাইজা
lean (লিন) দূৰ্বল

## 3. Relation সম্বন্ধ

uncle (আংকল) খুড়া
aunt (আন্ট) খুড়ী
cousin (কাজন) খুড়া, বৰদেউতা, মামা
disciple (ডিচাইপল্) শিষ্য
brother-in-law (ব্ৰাদাৰ-ইন-ল) জেঠেৰি, বৈনাই
sister-in-law (চিষ্টাৰ-ইন-ল) খুলশালী, বৌ, জেশাহু
adopted son (এডপ্টেড চান) তোলনীয় পুত্ৰ
grand father (গ্ৰেন্ড ফাদাৰ) ককা
grand mother (গ্ৰেন্ড মাদাৰ) আইতা
son-in-law (চান-ইন-ল) জোঁৱাই
husband's sister's husband (হাজবেন্ড চিচটাৰ্স) ননদ-জোঁৱাই, ডিনদেউ
grand daughter (গ্ৰেন্ড ডটাৰ) নাতি

daughter (ডাটাৰ) জী
beloved (বিলাভে'ড) প্ৰিয়, মৰমৰ
lover (লাভাৰ) প্ৰেমিক
sister (চিষ্টাৰ) বাইদেও, ভনী
brother-in-law (ব্ৰাদাৰচ ওৱাইফ) বৌ, ভাইবোৱাৰী
nephew (নেফিও) ভাগিনী ছোৱালী, ভতিজা জী।
niece (নিচ্) ভাগিনী ছোৱালী, ভতিজা জী।
brother's wife (ব্ৰদাৰচ ওৱাইফচ) বৌ, ভাইবোৱাৰী
mother (মাদাৰ) মা
maternal uncle (মেটাৰনেল আঙ্কল) মামা
maternal aunt (মেটাৰনেল আন্ট) মামী
mother's brother-in-law (মাদাৰচ্ ব্ৰাদাৰ ইন ল) মহা, জেঠু

maternal grand father (মেটাৰনেল গ্ৰেন্ড ফাদাৰ)
maternal grand mother (মেটাৰনেল গ্ৰেন্ড মাদাৰ) আইতা
husband (হাচবেন্ড) স্বামী
wife (ওৱাইফ) পত্নী
great grand father (গ্ৰেট গ্ৰেন্ড ফাদাৰ) আজোককা
great grand mother (গ্ৰেট গ্ৰেন্ড মাদাৰ) আজোআইতা
great grand son (গ্ৰেট গ্ৰেন্ড চান) আজোনাতি
father (ফাদাৰ) দেউতা
son (চান) পুত্ৰ
mother's sister (মাদাৰচ্ চিষ্টাৰ) মাহী, জেঠাই
kept (কেপ্ট) ৰক্ষিতা
heir (এ'য়াৰ) উত্তৰাধিকাৰী
pupil (পিউপিল) ছাত্ৰ
father-in-law (ফাদাৰ ইন ল) শহুৰ
mother-in-law (মাদাৰ ইন ল) শাহু
step (ষ্টেপ) সতীনী
wife's sister (ওৱাইফচ চিষ্টাৰ) খুলশালী

## 4. Household goods ঘৰুৱা বস্তু

almirah (আলমিৰা) আলমাৰী
hearth (হাৰ্থ) জুহাল, আখল
thimble (থিম্বল্) কাপোৰ সিওঁতে আঙুলি মূৰত
mirror (মিৰৰ) আইনা
mortar (মৰ্টাৰ) খুন্দনা
iron (আইৰন) ইস্ত্ৰী
fuel (ফুৱেল) খৰি, ইন্ধন।
frying pan (ফ্ৰাইং পেন) কেৰাহী, তাৱা
ladle (লেডল্) হেঁতা
canister (কেনিষ্টাৰ) চাহপাত থোৱা টেমা
comb (কুম্ব) ফণি
paper (পেপাৰ) কাগজ
book (বুক) কিতাপ
axe (একস) কুঠাৰ
kettle (কে'টল্) কেটলী
cream (ক্ৰিম) সৰ
chair (চেয়াৰ) চকী
fork (ফৰ্ক) কাটা চামুচ
diwan (দিভান) কোমল বহা আসন।
earthen lamp (আৰ্থেন লেম্প) চাকি
milkpot (মিল্ক পট) গাখীৰ থোৱা পাত্ৰ
curd (কাৰ্ড) দৈ
sauce pan (চচ্ পেন) চচ্‌পেন্
tooth pick (টুথ পিক) দাঁত মজা গুৰি দৰৱ
tooth powder (টুথ পাওদাৰ) দাঁত মজা গুৰি দৰৱ
twig brush (টুইগ ব্ৰাছ) দাতুন
thread (থ্ৰেড) সূতা
censer (চেন্‌চাৰ) ধূপদানী
tap (টেপ) কল
pan (পেন) কেৰাহী
bed stead (বেড ষ্টিড) খাট
palanquin (পেলান্‌কিন) পাল্কি
foot mat (ফুট মেট) পাওদান
Spittoon (স্পিটুন) পিকদান
bowl (বাওল) বাতি
cradle (ক্ৰেডেল্) কেচুৰা শুৱাবলৈ

ব্যৱহাৰ কৰা দোলন
funnel (ফানেল্) পিপা, চুপি
glass (গ্লাচ) গিলাচ
pitcher (পিছাৰ) কলহ
watch (ওৱাছ) ঘড়ী
pastry board (পে'ষ্ট্ৰী ব'ৰ্ড) বেলনা
spinning wheel (স্পিনিং হুইল) যঁতৰ
key (কি) চাবি
কাঁচৰ টেমা
tea pot (টি পট) চাহ পানী ৰখা পাত্ৰ
cot (কট) খাট
tongs (টংজ) চেপেনা
bangle (বেল) বালা, খাৰু
stove (ষ্ট'ভ্) চৌকা
spoon (স্পুন) চামুচ
mat (মেট) কঠ
sieve (চিভ) চালনী
bed sheet (বেড চীট) বিচনা চাদৰ
chimney (চিমনী) চিমনী
broom (ব্ৰুম) শোটা, ঝাড়ু
swing (চুইং) ঝুলনা
stick (স্তিক্) লাঠি, লাখুটি
umbrella (আমব্ৰোলা) ছাতি
cobweb (কব্-ওৱেব্) মকৰা জাল
tub (টাব্) চৰিয়া
basket (বাস্কেট্) পাচি
desk (ডেস্ক) মেজ
box (বকস) বাকচ
lid (লিড) ঢাকনী
pillow (পিল') গাৰু
pillow cover (পিল' কভাৰ) গাৰু গিলিপ
scale (স্কেল) তুলাচনী
pan (পেন) কেৰাহী
lock (লক) তলা

saucer (চচাৰ্) পিৰিচ
plate (প্লেট্) কাঁহী
chandelier (চেন্ডিলিয়ৰ্) জাৰফানুচ, একে ঠাইতে ভালোমান
flower vase (ফ্লাৱাৰ ভেচ) ফুলদানী
purse (পাৰচ্) ধনৰ মোনা
pot (পট্) টৌ, কলহ, চৰু
bulb (বাল্ব) বিজুলী চাকি লগোৱা
bucket (বাকে'ট) বাল্টি
bench (বেঞ্চ) বেঞ্চ
roller (ৰোলাৰ) বেলনা মাৰি
bottle (বটল্) বতল
button (বাটন্) বুতাম
wick (উইক্) শলিতা
sack (চেক) বস্তা
pestle (পে'চল্) খুন্দনা মাৰি
table (টে'বল্) মেজ
reed chair (ৰীড্ চেয়াৰ) মুঢ়া
candle (কেন্ডল্) মমবাতি
bolster (ব'লষ্টাৰ) দীঘল গাৰু
churn staff (চাৰ্ন ষ্টাফ্) মথনী, মাখন তোলা কল
kerosene (কেৰোচিন) কেৰাচিন তেল
string (ষ্ট্ৰীং) জৰী, বাজনাৰ তাঁৰ
rope (ৰ'প) ৰচী
ash (এছ্) ছাই
pen (পেন) কলম
lantern (লেন্টাৰ্ন) লন্ঠন
lota (ল'টা) লোটা
sorapang (চ'ৰাপাং) লুঙী
phial (ফায়েল) সৰু চিচাৰ বতল
soap (চ'ফা) দীঘলীয়া আসন
sofa (চ'ফা) দীঘলীয়া আসন
stool (স্টুল) বহা টুল; পীৰা

oil (অয়ল) তেল
wire (ওৱায়াৰ) তাঁৰ
safe (চেফ) চন্দুক
oven (অভেন) অভেন
platter (প্লেটাৰ) ডাঙৰ থাল
match stick (মেচ্চ স্টিক) দিয়াচলাই
match box (মেচ্চ ষ্টিক) দিয়াচলাই
scythe (চাইঠ) কাচি
box (বক্স) বাকচ
nut-cutter (নাট কাটাৰ) তামোল কটাৰী
knittingstick (নিটিং স্টিক) উলৰ শলা
dressing box (ড্ৰেছিং বক্স) শৃংগাৰদানী
jug (জাগ) জাৰ, কলহ
needle (নিড্‌ল) বেজী
pincers (পিঞ্চাৰচ) চেপেনা
hubblebubble (হাবল্-বাব্‌ল) হোকা

## 5. Clothes and Ornaments সাজ পাব আৰ, গহণা

ring (ৰিং) আঙঠি
lining (লাইনিং) আস্তৰ
sleeve (স্লীভ) চোলাৰ হাত
tunic (টিউনিক) কুৰ্ত্তা
napkin (নে'পকিন) গামোচা
woolen clothes (ওলেন ক্লথচ) গৰম পোচাক
blanket (ব্লাঙ্কেট) কম্বল
shirt (শ্বাৰ্ট) কামিজ
collar (কলাৰ) গলা বান্ধনী
kurta(কুৰ্ত্তা) কুৰ্তা
coat (ক'ট) কোট-চোলা
belt (বেল্ট) পেটী
canvas (কেনভাচ) এবিধ বৰ ডাঠ মোটা কাপোৰ
girdle (গাৰ্ডল) পেটি
ear ring (ইয়াৰ ৰিং) কেৰু
bracelet (ব্ৰেচলেট) বালা
cushion (কুশ্বন) গদী
muffler (মাফলাৰ) গলাবান্ধ
gown (গাউন) ভৰিলৈকে পৰা দীঘল চোলা
cover (ক'ভাৰ) ঢাকনি
skirt (স্কাৰ্ট) পোচাকৰ অধোভাগ
veil (ভে'ল) ওৰণি
turban (টাৰ্বান) পাগুৰি
curtain (কাৰ্টেন) পৰ্দা
nose ring (ন'জ ৰিং) নাকফুলি
broach (ব্ৰ'চ) ব্ৰুচ পিন
pyjamas (পাজামাজ) পায়জামা
stud (স্টাড) কামিজ চেলাৰ বুতাম
dress (ড্ৰেচ) সাজ-পোচাক
frock (ফ্ৰক) চোলা
lace (লে'চ) ফিতা
vest (ভেষ্ট) গেঞ্জি
button (বাটন) বুতাম
overcoat (ওভাৰকোট) দীঘল কোট-চোলা
breeches (ব্ৰীচ্চেচ) পায়জামা
bedding (বেডিং) শয্যা
veil (ভে'ল) ওৰণী
bushirt (বুশ্বাৰ্ট) বুশ্বাৰ্ট
boot (বুট) বুট জোতা
armlet (আৰ্মলেট) বাজু
velvet (ভে'লভে'ট) মখমল কাপোৰ
border (বৰ্ডাৰ) পাৰী
muslin (মুচলিন) মলমল কাপোৰ
stockings (ষ্তকিং) দীঘল মোজা

sheet (শ্বিট) চাদৰ
cloak (ক্ল'ক) ঢিলা চোলা
blouse (ব্লাউজ) তিৰোতাৰ এবিধ চোলা
chintz (চিন্টজ্) ছিট কাপোৰ
underwear (আন্দাৰ ওৱেৰ) জাঙিয়া
drill (ড্রিল) জীন
pocket (পকেট) জেপ
chain (চেইন) চেইন
socks (চক্‌চ) হাফ মোজা
frill (ফ্রিল) কাপোৰৰ কোচ
shoe (শ্বু) জোতা
jacket (জেকেট্) জেকেট চোলা
cap (কেপ) সৰু টুপী
hat (হেট) টুপী
pillow (পিল') গাৰু
towel (টাৱেল) গামোচা
laces (লেচেচ) ফিটা
gloves (গ্লোভচ) হাতমোজা
scarf (স্কাৰ্ফ) ডিঙিত বন্ধা কাপোৰ
shawl (শ্বল) শ্বাল কাপোৰ
dhoti (ধোতি) চুৰীয়া
half pant (হাফ পেন্ট) সৰু পেন্ট
trousers (ট্রাউজাৰ্চ) পাইজামা
quilt (কুইলট্) লেপ
darn (ডাৰ্ণ) ৰিপু কৰা
cotton (কটন) কপাহ
handkerchief (হেণ্ডকাৰচিফ) ৰুমাল
silk (চিল্ক) ৰেচম
cloak (ক্ল'ক) ঢিলা চোলা
longcloth (লং ক্লথ) সূতাৰ কাপোৰ
petticoat (পে'টীক্'ট) লহা, ঘূৰী
uniform (ইউনিফৰ্ম) একেধৰণৰ পোচাক
waistcoat (ওৱেষ্ট কোট) ককাললৈকে পৰা কোট চোলা
surge (চাৰ্জ) চাৰ্জ
satin (চেটিন) চাতোনৰ কাপোৰ
turban (টাৰবান) পাগুৰি
chemise (শ্বেমিজ্) চেমিজ
salwar (চালৱাৰ) চালোৱাৰ
sari (চাৰী) শাড়ী
slipper (স্লিপাৰ) চেণ্ডেল
sweater (চোৱেটাৰ) গৰম বনিয়ন চোলা
yarn (য়াৰ্ন) উল সূতা
suit (চুট) এযোৰা সাজ
necklace (নেকলেচ) হাৰ
holdall (হ'লডল্) হ'লডল

## 6. Eatables খাদ্য বস্তু

egg (এগ) কনী
pickle (পিকল) আচাৰ
cereal (চিৰিয়েল) শস্য
pigeon pea (পিজন পি) অৰহৰ ডাইল
arrowroot (এৰোৰূট) এৰাৰুট্
flour (ফ্লোৰ) আটা
tamarind (টেমেৰিন্দ) তেতেলী
cardamom (কাৰ্ডামম) ইলাচি
comfit (কম্‌ফিট্) ইলাচি গুটি
curry (কাৰী) আঞ্জা
coffee (কফি) কফি
icecream (আইচক্রীম) কুলফি বৰফ
saltydish (চল্টি ডিচ) নিমখীয়া আহাৰ
cheese (চীজ্) পনিৰ
betel leaf (বিটললিফ) পান
bread (ব্রেড) পাওৰুটী
poppy (পপি) আফু
pastry (পেষ্ট্রি) পেষ্ট্রি
ice (আইচ) বৰফ
pearl millet (পাৰ্ল মিলেট) বাজৰা
biscuit (বিস্কিট) বিস্কুট
corn ear (কৰ্ণ ইয়াৰ) মাকৈ
food (ফুড) খাদ
maize (মেইজ) গোমধান

pepper (পেপাৰ) জালুক
cake (কেক) পিঠা, কেক
saffron (চেফৰণ) জাফ্ৰাং, কেশৰ
rick milk (ৰাইচ মিল্ক) পায়স
jaggery (জাগেৰী) গু
clusterbean (ক্লাষ্টাৰ বীন) গোৱাৰফলী
wheat (হুইট) ঘেহুঁ
field pea (ফিল্ড পি) কাবুলী বুট
clarifiedbutter(ক্লাৰিফাইড বাটাৰ) ঘিউ
sauce (চচ) চাটনি
gram (গ্ৰাম) বুটমাহ
cake (কেক) পিঠা
rice (ৰাইচ) চাউল
tea (টি) চাহ
beaten paddy (বিটেন পেডি) চিৰা
sugar (চুগাৰ) চেনি
bran (ব্ৰেন) তুঁহ, চোকোৰা

chocolate (চকলেট) চকলেট
cheese (চীজ) পনিৰ
oat (অ'ট) এবিধ বিলাতী য ধান
barley (বাৰ্লি) য ধান
millet (মিলেট) কণীধান

vegetable (ভেজিটেবল) শাক-পাচলি
sesamum (চে'চেমম) তেল
oil (অয়ল) তেল
porridge (পৰিজ) পায়স, লুথুৰী পিঠা
curd (কাৰ্ড) দৈ
pulse (পালচ) মাহ
milk (মিল্ক) গাখীৰ
paddy (পেডি) ধান
salt (চল্ট) নিমখ

butter (বাটাৰ) মাখন
pea (পি) মটৰ
whey (হোৱে) মটৰ
cream (ক্ৰীম) সৰ
lentil (লেনটিল) মচুৰ মাহ
meat(মিট) মাংস
pork (পৰ্ক) গাহৰি মাংস
mutton (মাটন) ভেড়াৰ মাংস
beaf (বিফ) মাংস (গৰু)
sweetmeat (চুইট মিট) মাংস (ছাগলী)
sugar candy (চুগাৰ কেন্ডি) মিছিৰী
jam (জেম) মোৰব্বা
puffed rice (পাফড ৰাইচ) মুৰি
kidneybean(কিডনি বিন) লেছেৰা মাহ
fine flour (ফাইন ফ্লোৱাৰ) ময়দা
buck wheat (বাক হুইট) মেথী
licuorice (লিকৰইচ) মধুমণ্টি, লাতুমণি গছৰ শিপা
molasses (মলাচেজ) গুড
castor-seed (কেষ্টৰ-চিড) এৰাণ্ডটি
supper (চাপাৰ) ৰাতিৰ আহাৰ
bread (ব্ৰেড) পাওৰুটী
butter milk (বাটাৰ মিল্ক) মাখন তোলা গাখীৰ মথা পানী
wine (ওৱাইন) মদ
syrup (চিৰাপ) চৰ্বত
honey (হনি) মৌ
mustard (মাষ্টাৰ্ড) সৰিয়হ
vinegar (ভিনেগাৰ) চিৰিকা
betelnut (বিটল নাট) তামোল
dry ginger (ড্ৰাই জিঞ্জাৰ) শুকান আদা
turmeric (টাৰমাৰিক) হালধি
sweet pudding (চুইট পুডিং)· হালুৱা

## 7. Fruits ফল

grapes (গ্ৰে'পচ) আঙুৰ
fig (ফিগ) ডিমৰু
walnut (ওৱালনাট) আখৰুট
pine-apple (পাইনএপল) আনাৰস

water melon (ৱাটাৰ মেলন) তৰমুজ
currant (কাৰেন্ট) এবিধ কিচমিচ
coconut (কক'নাট) নাৰিকল
orange (অৰেঞ্জ) কমলা

pomegranate (পমেগ্ৰেনেট) ডালিম
guava (গুৱাভা) মটুৰিআম
peech (পিচ্চ) আহোম বগৰী, নৰা বগৰী
mango (মেংগো) আম
plum (প্লাম) বগৰী
raisin (ৰেইচিন) কিচমিচ
banana (বানানা) কল
cashewnut (কেচিউনাট) কাজু
date (ডেট) খেজুৰ
melon (মেলন) চিৰাল
cucumber (কুকুম্বাৰ) তিয়ঁহ
apricot (এপ্ৰিকট) খোৰানী
pompelmoose (পোম্পলম'জ) পোম্পলম'জ
pinus gerardiana (পাইনাচ গৰৰ্ডিনা)
sapodilla (চেপ'ডিলা) চিকু
rose apple (ৰ'জ এপল্) জামু
crab apple (ক্ৰেব এপল) জঙ্ঘলী আপেল
olive (অলিভ) জলফাই
lemon (লেমন) নেমু
pear (পিয়েৰ) নাচপতি
papaya (পাপায়া) অমিতা
pistachio (পিষ্টাচিউ) পেস্টা
gromia (গ্ৰোমিয়া) ফালচা
almond (অমন্ড) কাঠবাদাম
plum (প্লাম) বগৰী
malta (মাল্টা) মাল্টা
raisin (ৰেইচিন) কিচমিচ
groundnut (গ্ৰাউন্ডনাট) বাদাম
mozambique (মোজাম্বিক) মৌচম্বী
lichi (লিচ্চি) লিচু
custard apple (কাষ্টাৰ্ড) আত্লচ
mulberry (মালবেৰি) নুনি, নুনি গছ
waternut (ওৱাটাৰ নাট) পানীফল
orange (ওৰেঞ্জ) কমলা
apple (এপল) আপেল

## 8. Flowers ফুল

oleander (অলিয়েন্ডাৰ) কৰবী ফুল
lotus (ল'টাচ) পদুম ফুল
lily (লিলি) ভেঁট ফুল
coxcomb (ককসক'ম) এবিধ বিলাতী ফুল
pandanus (পেন্ডেনাচ) পেন্ডেনাচ
mushroom (মাচৰুম) কাঠফুলা
gillyflower (জিলি ফ্লাৱাৰ) জিলি ফুল
moonflower (মুন ফ্লাৱাৰ) মুন ফ্লাৱাৰ
small chrysanthemum (স্মোল ক্ৰিচেনথিমাম) চন্দ্ৰমল্লিকা
balsam (বলচম্) ডেমডেউকা ফুল
tulip (টীউলিপ) টীউলিপ
marigold (মেৰিগোল্ড) নাৰ্জী ফুল
daisy (ডেইজি) তৰা ফুল
rose (ৰ'জ) গোলাপ
magnolia (মেগনলিয়া) চাঁপা
jasmine (জেচমিন) মালতী ফুল
sweet jasmine (চুইট জেচমিন) যুতি ফুল
dehlia (ডেলিয়া) ডালিয়া
basil (বেচিল) নাৰ্গিচ
narcissus (নাৰ্চিচাচ) নাৰ্গিচ
poppy (পপী) পপী ফুল
peruflower (পেৰুফ্লাৱাৰ) পেৰু ফ্লাৱাৰ
daisy (ডেইজি) তৰা ফুল
round jasmine (ৰাউন্ড) মল্লিকা
sun flower (চান ফ্লাৱাৰ) সূৰ্যমুখী
holly hock (হলি হক) হলি হক

## 9. Vegetables শাক-পাচলি

ginger (জিঞ্জাৰ) আদা
coriander (কৰিয়েন্দাৰ) ধনীয়া

colocasia (কলকাচিয়া) কচু
potato (পটেটো) আলু
tamarind (টেমাৰিণ্ড) তেতেলী
long cucumber (লং কুকুম্বাৰ) কাকৰী
jack fruit (জেকফ্রুট) কঠাল
pumpkin (পাম্পকিন) ৰঙালাও
bitter gourd (বিটাৰ গ'র্ড) তিতা কেৰেলা
evy gourd (ইভিগ'র্ড) ভাত কেৰেলা
squash gourd (সেকাৱাচ গ'র্ড) জাতি লাও
carambola (কেৰম্ব'লা) কৰদৈ
carrot (কেৰট) গাজৰ
citron (চিট্রন) নেমু টেঙাৰ দৰে এবিধ টেঙা
cauliflower (কলিফ্লাৱাৰ) ফুলকবি
knolkhol (নোলখোল) ওলকবি
cluster beans (ক্লাষ্টাৰ বীনচ) গোৱাৰফলী
luffa(লুফা)লফা
snake gourd (স্নেক গার্ড) চিচিঙ্গা
beet root (বীট ৰুট) বীট
amaranthus (এমেৰেন্থাচ) পাৰিজাত
yam (য়াম) কাঠ আলু
spinach (স্পিনাক) পালেং
mint (মিন্ট) পদিনা
ash pumpkin (এচ পাম্পকিন) কোমোৰা
onion (অনিৱন) পিয়াজ
lilac (লাইলাক) বকায়ন
cabbage (কেবেজ) বন্ধা কবি
brinjal (ব্রিঞ্জল) বেঙেনা
lady's finger (লেডিজ ফিংগাৰ) ভেন্দি
corn ear (কর্ণ ইয়াৰ) মাটক
pea (পী) মটৰ
chillies (চিলিজ) জলকীয়া
radish (ৰেডিছ) মূলা
fenugreek (ফেনুগ্রিক) মেথী
potato palm (পটেটো পাম) গৰীয়া আলু
garlic (গার্লিক) নহৰু
sweetpotato (চুইট পটেটো) মিঠা আলু
turnip (টার্নিপ) চালগোম
lettuce (লেটিচ) চালগুশাক
bean (বীন) উৰহী
drumstick (ড্রাম স্টিক) চজনি ডাঁটা

## 10. Spices মছলা

aloes (এল'চ) চালকুঁৱৰী, আৰু
caraway (কেৰএৱে) অজোৱাইন, যনি গুটি
ginger (জিঞ্জাৰ) আদা
linseed (লিনচীড) তিচি
cardamom (কার্ডামম) ইলাচি
nigella (নিজেলা) কলাজীৰা
black pepper (ব্লেক পে'পাৰ) জালুকৰ গুৰি
coriander seed (কৰিয়েন্দাৰ চিড) ধনীয়া
salt (চল্ট) নিমখ
alum (এলাম) ফিটকিৰি
hemp (হেম্প) ভাং
chillies (চিলিজ) জলকীয়া
soap nut (চ'প নাট) ৰিঠা
clove (ক্লোভ) লং

saffron (চেফ্রন) জাফ্রাং
yeast (ইয়েষ্ট) খমিৰ
poppy seed (পপী চিড) আফু গুটি
nutmeg (নাটমে'গ) জাঁইফল
mace (মেচ) জাঁইপত্রী
cumin seed (কামিন চিড) জীৰা
cassia (কেচিয়া) তেজপাত
cinnamon (চিনামন) দালচেনি
betelnut (বিটলনাট্) তামোল
vinegar (ভিনেগাৰ) চিৰিকা
dry ginger (ড্রাই জিঞ্জাৰ) চঁফ
aniseed (এনিচিড) চঁফ
sago (চাগ') চাগুদানা
turmeric (টার্মেৰিক) হালধি
asafoetida (এচেফিটিডা) হিং

## 11. Birds চৰাই

swallow (চোৱেল) চাতক চৰাই
owl (আউল) ফেচা
wood pecker (উড পেকাৰ) বাঢ়েটোকা চৰাই
pigeon (পিজন) পাৰ
cockatoo (ককেটু) ককাতুয়া
heran (হেৰন) কুঞ্জ
cuckoo (কুকু) কুলি চৰাই
crow (ক্র) কাউৰী
eagle (ঈগল) ঈগল
vulture (ভালছাৰ) শগুণ
sparrow (স্পেৰ') ঘনচিৰিকা
ruddy goose (ৰাডি গুজ) বিলাতী ৰাজহাঁহ
red legged partridge (ৰেড লেগড্ পাৰট্রিজ) ৰঙা ডৰিক
bat (বেট) বাদুলী
kite (কাইট) চিলনী
chicken (চিকেন) মুর্গী
pewit (পিউইট্) শৰালি
partridge (পাৰট্রিজ) ডৰিক
parrot (পেৰট) ভাটো চৰাই
magpie (মেগপাই) কাওচা চৰাই
duck (ডাক্) পাতি হাঁহ
weaver bird (উইভাৰ বার্ড) কাঠৰোকা
quail (কেকায়ে'ল্) বটা চৰাই
hawk (হক) শেন চৰাই
falcon (ফেলকন্) শেন চৰাই
cock (কক) মতা কুকুৰা
hen (হে'ন) মাইকী কুকুৰা
peacock (পিকক) ম'ৰা চৰাই
thrush (থ্রাচ্) এবিধ সৰু গান গোৱা চৰাই
canary (কেনেৰি) ময়না
lark (লার্ক) ভৰত পক্ষী
crane (ক্রেন) বৰটোকোলা
ostritch (অষ্ট্রিছ্) উট পক্ষী
swan (চোৱান) ৰাজহাঁহ

## 12. Animals and Insects পশু আৰু কীট-পতঙ্গ

boa (বোৱা) অজগৰ
camel (কেমেল) উট
turtle (টার্টল) কাছ
musk deer (মাস্কডিয়াৰ) কস্তুৰী মৃগ
he-goat (হি-গট্) মতা ছাগলী
she-goat (ছি-গট) মাইকী ছাগলী
kid (কিড) ছাগলী পোৱালী
calf (কাফ) গৰু পোৱালী

kangaroo (কেংগেৰু) কেংগাৰু
dog (ডগ) কুকুৰ
bitch (বিচ্চ) মাইকী কুকুৰ বা শিয়াল
crab (ক্রেব) কেকোৰা
mule (মিউল) খচ্চৰ
hare (হেয়াৰ) শহাপহু

bug (বাগ) উৰহ
beatle (বিটল্) গোৰকুৰা
cow (কাও) গৰু
squirrel (স্কুইৰেল) কেৰ্কেটুৰা
ass (এচ) গাধ
rhinoceros (ৰাইনচাৰচ) গঁড়
horse (হৰ্চ) ঘোঁৰা
mare (মেয়াৰ) মাইকী ঘোঁা, ঘুড়ী
snail (স্নে'ইল) শামুক

alligator (এল্লিগেটৰ) ঘৰিয়াল
panther (পেন্থাৰ) নাহৰফুটুকী বাঘ
mouse (মাউচ) এন্দুৰ
mole (ম'ল) চিকা
giraffe (জিৰাফ) জিৰাফ
lizard (লিজাৰ্ড) জেঠী
lice (লাইচ) ওকনি
leech (লীচ) জোক
cricket (ক্রিকেট) উই চিৰঙা
zebra (জেব্ৰা) জেব্ৰা
spenial (স্পেনিয়েল) এজাতি কুকুৰ

pony (পনী) সৰু ঘোঁৰা
grass-hopper (গ্ৰাচহ'পাৰ) ফৰিং
locust (ল'কাষ্ট) কাকতী ফৰিং
leopard (লে'পাৰ্ড) নাহৰফুটুকী বাঘ
wasp (ওৱেচপ) বৰল
butterfly (বাটাৰফ্লাই) পখিলা
hippopotamus (হিপপ্‌পটেমচ) জলহস্তী
termite (টাৰমাইট) উই
bluebull(ব্লুবুল)নীলগাই
mongoose (মনগুচ) নেউল

she-calf (ছি-কাফ) গাই
colt (কল্ট) ঘোঁৰা পোৱালী
cat (কল্ট) মেকুৰী
kitten (কিটেন) মেকুৰী পোৱালী
monkey (মাঙ্কী) বান্দৰ
chimpanzee (চিম্পাঞ্জি) আফ্ৰিকা দেশৰ হলৌ বান্দৰ
tiger (টাইগাৰ) বাঘ
stag (ষ্টেগ) মতা হৰিণা পহু
ox/bullock (অকস/বুলক) বলদ গৰু
bear (বিআৰ) ভালুক
wolf (ওলফ্) ৰাং কুকুৰ
sheep (শ্বীপ) ভেড়া
lamb (লেম্) ভেড়া
buffalo (বাফেলো) ম'হ
kid/lamb (কিড/লেম) ছাগলী/ভেড়া পোৱালী
ram (ৰেম্) মতা ভেড়া ছাগলী
spider (স্পাইডাৰ) মকৰা
fly (ফ্লাই) মাখি
crocodile (ক্রক'ডাইল) কুম্ভীৰ
mosquito (মচকুইটো) মহ
fish (ফিছ) মাছ
bee (বী) মৌ
frog (ফ্রগ) ভেকুলী
tadpole (টেডপল) ভেকুলী
silkworm (চিল্কৰৰ্ম) পলু
egg of louse (এগ অফ লাউচ) ওকণীৰ কণী
fox (ফকস) শিয়াল
hyena (হায়েনা) ঘোং, হায়না
ape (এপ) লুৰ
hound (হাউন্ড) চিকাৰী কুকুৰ
shark (শ্বাৰ্ক) হাঙ্গাৰ মাছ
snake (স্নেক) সাপ
oyster (অইষ্টাৰ) এবিধ সাগৰীয় শামুক
bull (বুল্) ষাঁড়
porcupine (পকিউপাইন) কেটেলা পহু
jackal (জেকল) শিয়াল

puppy (পাপি) কুকুৰ পোৱালী
flea (ফ্লি) এবিধ পাখি নথকা বৰ বেগী মাখি
scorpion (স্কৰপিয়ন) বৃশ্চিক
fawn (ফন) হৰিণা পহুৰ পোৱালী
elephant (এলিফেন্ট) হাতী
lion (লায়ন) সিংহ
pig (পিগ) গাহৰী
swine (চোৱাইন) বৰা গাঁহৰি
deer (ডিয়াৰ) হৰিণ

## 13. Professions ব্যৱসায়

news agent (নিউজ এজেন্ট) বাতৰি-কাকতৰ প্ৰতিনিধি।
engineer (ইঞ্জিনিয়াৰ) অভিযন্ত্ৰা
actor (এক্টৰ) অভিনেতা
advocate (এডভোকেট) উকীল
petition writer (পিটিচন ৰাইটাৰ) নকল নবীচ
orderly (অৰ্ডালি) যোগনীয়াৰ
commission agent (কমিচন এজেন্ট) দালাল
overseer (অভাৰচিয়াৰ) অভাৰচিয়াৰ
artist (আৰ্টিস্ট) শিল্পী
poet (পয়েট) কবি
butcher (বাটচাৰ) কচাই
artisan (আটিষ্ট) শিল্পী
farmer (ফাৰ্মাৰ) কৃষক
green-grocer (গ্ৰীন গ্ৰোসৰ) কেচা পাচলি বিক্ৰেতা
potter (পৰ্টাৰ) কুমাৰ
porter (পৰ্টাৰ) কুলি
boatman (বট্‌মেন) নাৱৰীয়া
coachman (কোচমেন) কোৱান।
cashier (কেচিয়াৰ) কেচিয়াৰ
hawker (হকাৰ) হকাৰ
perfumer (পাৰফিউমাৰ) গন্ধ বিলোৱা।
shepherd (চেফাৰ্ড) ঘোৰা ৰখীয়া
musician (মিউজিচিয়ান) সংগীতজ্ঞ
cowherd (কাওহাৰ্ড) গৰখীয়া
agent (এজেন্ট) দালাল
plumber (প্লাম্বাৰ) কলমিস্ত্ৰী
barber (বাৰবাৰ) নাপিত
baker (বেকাৰ) নাপতি
sailor (চেইলৰ) নাবিক
inspector (ইনচপেকটৰ) নিৰীক্ষক
journalist (জাৰ্নেলিষ্ট) সাংবাদিক
examiner (এগজামিনাৰ) প্ৰবন্ধক
manager (মেনেজাৰ) প্ৰবন্ধক
trainer (ট্ৰেইনাৰ) প্ৰশিক্ষক
pedlar (পেডলাৰ) ফেৰিবালা
draper (ড্ৰেপাৰ) বজাজ
carpenter (কাৰপেন্টাৰ) মিস্ত্ৰী
general merchant (জেনেৰেল মাৰ্চেন্ট) বেপাৰী
bearer (বিয়েৰাৰ) বেহেৰা
sweeper (চুইপাৰ) চফাই কৰ্মচাৰী
storekeeper (ষ্টৰকিপাৰ) ভাড়াৰৰ গৰাকী
grain parcher (গ্ৰেইন পাৰ্চাৰ) গুটি গুৰি কৰোতা
beggar (বেগাৰ) ভিক্ষাৰী
water carrier (ৱাটাৰ কেৰিয়াৰ) পানী দিয়া
fisherman (ফিচাৰমেন) মাছমৰীয়া
labourer (লেবৰাৰ) শ্ৰমিক
boatman (বটমেন) নাৱৰীয়া
money-lender (মনিলেন্ডাৰ) মহাজন

peon (পিয়ন) চাপৰাচী
watchman (ওৱাচমেন) চকীদাৰ
surgeon (চাৰ্জন) শল্য চিকিৎসক
detective (ডিটেকটিভ) গুপ্তচৰ
binder (বাইন্ডাৰ) বন্ধোৱা মানুহ
weaver (ওয়েভাৰ) তাঁতী
cobbler (কবলাৰ) মুচি
jeweller (জুয়েলাৰ) গহনা মিস্ত্ৰী
sweeper (চুইপাৰ) পায়খানা চাফা কৰা লোৱা
typist (টাইপিষ্ট) টাইপিষ্ট
contractor (কনট্ৰেকটৰ) ঠিকাদাৰ
postman (পোষ্টমেন) ডাকিয়া
doctor (ডক্টৰ) চিকিৎসক
drummer (ড্ৰামাৰ) ঢুলীয়া
tabla player (তাবলা প্লেয়াৰ) তবলা বাদক
oilman (অয়েলমেন) তেলী
tailor (টেইলৰ) দৰ্জি
broker (ব্ৰকাৰ) দালাল
druggist (ড্ৰাগিস্ট) দৰব বিক্ৰীদাৰ
dentist (ডেন্টিষ্ট) দাঁতৰ চিকিৎসক
shopkeeper (চপ কিপাৰ) দোকানী

carder (কাৰ্ডৰ) ধুনীয়া
washerman (ওৱাচাৰমেন) ধুবী
nurse (নাৰ্চ) নাৰ্চ

gardener (গাৰ্ডেনাৰ) মালি
mechanic (মেকানিক) মিস্ত্ৰী
printer (প্ৰিন্টাৰ) মুদ্ৰক
accountant (একাউন্টেন্ট) পৰীক্ষক
sculptor (স্কালপ্টাৰ) ভাস্কৰ
cobbler (কবলাৰ) মোচী
sweeper (চুইপাৰ) মেতৰ
dyer (ডায়ৰ) ৰং কৰোতা
chemist (কেমিষ্ট) ৰসায়নী

cook (কুক) ৰান্ধনি
cashier (কেশিয়াৰ) লেখাজোখা
author (অথৰ) লেখক
blacksmith (ব্লেকস্মিথ) কুমাৰ
lawyer (লয়াৰ) উকীল
physician (ফিজিচিয়ান) বৈদ্য

teacher (টিচাৰ) শিক্ষক
reporter (ৰিপৰ্টাৰ) সংবাদদাতা
policeman (পুলিশমেন) আৰক্ষী
goldsmith (গোল্ডচমিথ) সোনাৰ
merchant (মাৰ্চেন্ট) সদাগৰ
confectioner (কনফেকচনাৰ) মিঠাই বনোৱা
wrestler (ৰেচলাৰ) কুষ্টিবীদ
clergyman (ক্লেৰেজিমেন) পাদুৰী
priest (প্ৰিষ্ট) পোৰোহিত